我的"三·全语文" 探寻之路

黄佩华 / 著

东北师范大学出版社

长 春

图书在版编目（CIP）数据

我的"三·全语文"探寻之路 / 黄佩华著. — 长春：
东北师范大学出版社，2020.9
ISBN 978-7-5681-7162-5

Ⅰ.①我… Ⅱ.①黄… Ⅲ.①小学语文课—教学研究
Ⅳ.①G623.202

中国版本图书馆CIP数据核字（2020）第172738号

□策划创意：刘　鹏
□责任编辑：王立娜　卫佳佳　　□封面设计：姜　龙
□责任校对：刘彦妮　张小娅　　□责任印制：许　冰

东北师范大学出版社出版发行
长春净月经济开发区金宝街 118 号（邮政编码：130117）
电话：0431-84568115
网址：http://www.nenup.com
北京言之凿文化发展有限公司设计部制版
北京政采印刷服务有限公司印装
北京市中关村科技园区通州园金桥科技产业基地环科中路 17 号（邮编：101102）
2022年6月第1版　2022年6月第1次印刷
幅面尺寸：170mm×240mm　印张：12.25　字数：191千

定价：45.00元

序 言

　　语文学科向来都以思维活跃、视野开阔成为其他学科的领航者，可以说语文是人们用语言文字思考问题的工具。从历史上先秦时期有名的百花齐放、百家争鸣来看，那时人们的思想、学术流派达到了顶峰。诸如孔子这些先哲留给我们的文章无不闪烁着智慧的火花，直到今天仍然让我们折服。正如司马迁对孔子的评价："自天子王侯，中国言《六艺》者，折中于夫子，可谓至圣矣！"很多时候，我们似乎觉得自己发现了什么，超越了前人，但当你认真读古人的经典文论时，你才发现原来先哲的思想你是无法超越的。

　　这些天我拜读了黄佩华老师《我的"三·全语文"探寻之路》一书的书稿，我有一种感受，黄老师在她从教29年的历程中，从一位天真稚嫩的年轻教师——开始走过许多弯路，到现在思想成熟，这之中对她教学思想影响最深的还是古人的学说。正如她在书中所写的，当今学术界纷繁的中外教育教学理论充斥在我们的教学中，在百花齐放甚至百家争鸣的教学流派中，真正让她找到学术思想指引的，是在繁华阅尽、蓦然回首之后，三千年前孔子"因材施教"的教学理念才给了她醍醐灌顶、心灵顿悟的教育教学启迪。把"因材施教"理念从"无意识—有意识—随意识"一步步落到实处，做到极致，形成了自己的"三·全语文"模式，这就是黄老师的教学成长之路，我想这也可以是许多教师寻找教育教学真谛的必由之路。

　　近些年来，语文教学流派如雨后春笋，各抒己见。总体来说，教师日常教学关注教育科学研究是件好事，说明现在的教师学术功底比起以前要强许多，科研能力提高很快。但细细研究，你会发现大多似曾相识，颇多类同，真正经得起实践验证的不多。我本人还是很推崇多读书，少空谈，慎用律，多求证，特别是不要动不动就冠以很响的"××法"。段玉裁《说文解字注》："法，引申为凡模范之称。"称为"模范""范式"是很严肃的事，必须经过反复验证，被人所公认，方能作为"法"来推广。因而，我很赞成黄老师提出的：语文教学不应局限在语文课上的训练，应渗透学校生活的方方面面。语文教学应把语文学习落实于学生的整个生活。语文教师需要建立大语文观：一切教学活动，都应围绕学生进行；一切教学活动，都应以学生的成长为出发点和归宿。现代语文教学的一个理念就是语文要生活化，强调课内外的结合，注重能力培养，等等。《我的"三·全语文"探寻之路》分为理论研究篇和全人教育篇，黄老师在书中把自己的教学感受与理论研究两者结合在一起，从教学中关注学生学习生活的点点滴滴的实践经验谈起，力求解释教与学之间的困惑与经验，让人感到这是扎扎实实、认认真真写出来的教学体验，十分质朴。它可以对同人起到指点迷津的作用。书中没有什么大的理论指导，更多的都是教学随笔、经验之谈，但很接地气。

曾国藩说："盖士人读书，第一要有志，第二要有识，第三要有恒。"有志向就不会甘于在下流，有见识就明白学问没有尽头，不能用一种知识让自己满足，有恒心就一定不会有成就不了的事。这些至理名言也是我们做学问要遵循的。我想，黄老师的成功之路正是恪守职业操守，甘于寂寞，最终成就了自己成功的教学生涯。

杨建国

2020年3月7日于容默斋

（杨建国，广东省教育研究院研究员、教研室教研员，中国教育学会小学语文教学专业委员会常务理事，全国小语会汉语拼音教学研究中心副主任，广东教育学会小学语文教学专业委员会理事长。）

目　录

引　言

从教已经29个年头。众里寻他千百度，在纷繁复杂的中外教育教学理论领域，在百花齐放甚至百家争鸣的教学流派中，"繁华阅尽"，蓦然回首，三千年前孔子"因材施教"的教学理念已日渐深植我心并内化、丰富延伸出新的内涵，成为我的教育教学理念，外显于我的教育教学行为之中。回顾所走过的路，我发现，不断完善教学行为，把"因材施教"理念从"无意识—有意识—随意识"一步步落到实处，做到极致，正是我的教学成长之路。

我的教学理念——因材施教

我的教学理念——因材施教的"材"涵盖三方面内容：

（1）教学对象：学生及家长。

（2）教学同伴：教师。

（3）教学资源：能力范围内所能掌控的一切教学资源，包括人力资源、课程资源等。

我积极想办法了解我要服务的教学对象，了解能够对教学产生作用的"物"，因"他们"和"它们"而出发。以每一个学生的发展为根本，运用创新、灵活的教学方式，既讲求每节课的精彩，更追求大语文课程的系统性；不营营役役，也不好高骛远，以精耕慢耕乐耕的心态，行走在21世纪的

"因材施教"之路上。正是基于"因材施教",多年来,我以生为本,关注班级学习氛围创建和学生家庭和睦氛围调解,注重课程资源的开发利用,主动创新求变教育教学模式,把每一节课都当成"教育教学的实验场",在三尺讲台享受传承知识、创造未来的快乐,也慢慢形成了"亦庄亦谐,趣实相兼"的教学风格。

对于小学生来说,我认为教师传的道、授的业、解的惑不应只是有用的,还应该是有趣的。教师应激发他们学习的兴趣,点燃他们主动学习的欲望,这或许比直接告知他们某些知识稍费周章,但是整个学习的过程以及产生的深远影响,是后者无法企及的。所以,我总是努力让学生感受知识的趣味性和实用性,在时而幽默风趣、时而庄严肃穆,在亦师亦友、亦慈亦严的师生共生的课堂中,让学生快乐高效地学习。

我认同名校长朱乃楣的观点,她认为,一两节课是无法体现学科教师的整体教书育人水平的,语文学科尤甚,语文教师需要建立大语文观。我非常清楚,课堂的主人是学生,一切的教学活动,都应围绕学生进行;一切的教学活动,都应以学生的成长为出发点和归宿。而语文是一门工具性很强的学科,一位教育大家曾经说过,数学是所有科学的基础,而语文则是这个基础的基础。文字、词汇、语感、逻辑、思维、色彩、审美等,莫不与语文有着千丝万缕的联系。在从教29年的教学历程中,我提出"三·全语文"的教学主张,并在自己的教学中落实。

我的教学主张——"三·全语文"

我主张，语文教学要在大语文视野下，将"三·全语文"落实到每一个教学细节，每一个教学情境中。"三·全语文"，"三"是目标，"全"是手段。"三"，即语文教师在学科教学中，应时时处处着眼学生的未来，从学生的长远发展出发，着力培养学生三种能力（三个"会"）：会自主学习，会互助分享，会做事做人。"全"，是指以"全语文"理论（手段）为最优途径，达到这样的教学目标，通过"全语文"教学，把这三种能力的培养渗透到语文教学的每一个环节中。"三·全语文"结构图如下：

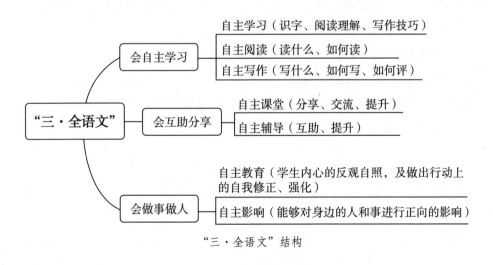

"三·全语文"结构

我的全语文观认为，语言学习和教学要尊重学习者的兴趣和个性，是个性化的。语文教学的范畴应从语文课堂推广到与学生生活有关的各个方面。教师的教学要和文化、社区相结合，教师和学生是教和学的主体。语文教学要尽量使学生在真正的沟通环境中学习，实际应用的文字就是各种文字资料，包括故事和咨询的资料，真正的沟通有真实的听众或对象。语言应完整地、在一定语境中学习，而不是孤立地学某些部分或项目。比如，孤立地练习转述句和直述句、反问句和陈述句的互换，是枯燥且没有意义的，有智慧的教师应该让学生知道掌握这些技能有何用，在现实生活中如何用，也就是要帮助学生把知识生活化。

我认为语文教学不应局限在语文课上的训练，应渗透学生学校生活的方方面面。例如，写作和艺术相结合，让学生用文字表达自己在欣赏音乐时的感受，以弥补学生艺术技巧的不足。教学《月光曲》时，我就把握对盲姑娘聆听贝多芬弹琴的那部分描写进行生活化的写作训练——听早操前的《进行曲》，写写自己的感受。

语文教学应该建立大课程观，生活中一切可用资源，都可以通过教师之手，将之学科化。例如，2018年4月学校进行以班级为单位的视频节目录制。我为全班学生借来演出服装，活动之后，我延伸出了一个语文教学活动——每人手洗演出服，自己叠好，（拍照片发微信群）装好袋，附上自创的感恩卡。在课堂上，我用10分钟的时间指导学生写感恩卡。我把这些洗衣服劳动照片，结合学生写的感恩卡，从文字表达、作品美工等方面进行了简单的指导点评课。整个活动资料做成美篇让家长、学生齐回味。我以生为本，把每一件小事做出教育的味道。

概括地说，我主张语文教学应把语文学习落实于学生的整个生活中。语文教师需要建立大语文观，一切教学活动都应围绕学生进行；一切教学活动，都应以学生的成长为出发点和归宿。

我的教学体验——随想曲

且以一曲随想，来回顾并反思从教29年秉持"因材施教"走过的风雨阳光。

第一乐章　两个"真理"

生活并非一帆风顺，然而生活又如此慷慨。从教第一年，我就以"惨痛的跌倒""换取"了两个在教学生涯中终身受用的真理。

一、理论与实践之间，需要个人思想作为桥梁

初生牛犊不怕虎，可我费尽九牛二虎之力，一个月过去了，得到的是狼狈不堪的现实——课堂纪律无法调控！同班拍档老师兼领导石主任来帮扶我，一问缘由，她大笑我的天真幼稚——你真的以为有"微笑教学"？你以为"微笑教学"就是微笑到底？书本上的理论，你以为可以照搬进现实？如今的我，对调控课堂已游刃有余，但是"理论与实践之间不是简单地画等于号，要有个人的实践智慧"确实给了我极其深刻的影响。踏上讲台的最初五年，在学校的电教室里，每个周末都有我的身影。校长、主任让我钻研邱学华、霍懋征等专家、前辈的教学经验。我反复观看教学录像，记录这些名家在课堂上的每一句话，研究他们的设计意图……20多年来，我没有停止过阅读和实践的步伐，没有忽略过批判性思维的自我锻炼，使自己逐渐成长为一个不人云亦云的人，当然也站稳了教学的讲台，拿到了市教师基本功大赛一等奖等成绩。

二、道与技之间，要有胸襟智慧作为梯子

"道"乃规律，只有掌握规律，做事情才能简便，才能成功。"术"乃方法，只有掌握方法，才能行其道，将理想变成现实。那是我从教第一年发生的事：有一个男生经常不做作业，无计可施之际我把家长请来，一是当面了解沟通孩子的作业情况，二是商量对策。谁知家长一来，也许是惧怕家长责罚，孩子当即改说作业都交了，是老师弄丢了……我当时年少气盛，对于"体罚"的认识也不够深刻，气愤难当之际，一个兰花掌就过去了……20多年前一个巴掌也是不得了的体罚。最后，学校领导买了水果，校长、主任领着我登门道歉，得到了家长和学生的谅解。人生的所有经历都不会毫无意义，这次沉痛的教训让我快速成长、成熟。

"太刚易折，至柔无损"。上善若水，需要技巧，需要艺术，需要智慧，需要修炼。没有这些经历，不会反思，做不到因材施教，就不会有后来游刃有余地应对教育教学的自己。所以，有了患小儿麻痹仍能考上重点大学的冯同学的念念不忘，拥有了寒门学子创业成功的黎同学的深深感念，有了职中毕业能在社会大展拳脚的陈同学的时时铭记……怀着一颗同理心，我不断学习、修炼，用智慧架设教育的"道"与"技"之间的梯子。

工作的前五年，我在新会平山小学这所百年名校任教。在各种各样的机会与压力的"锻打"下，我站稳了讲台，取得了一点成绩，完成了第一阶段的成长——"建立起最基本的教学模型"，但是，"因材施教"这一理念于我还是停留在理论上的认知和一点点无意识的行动上。

第二乐章　我的"巴学园"

工作第六年，我被调到江门市一所新建不久的小学，最高的年级是四年级。在这里，百"业"待兴，一切都是新的，对于一个有职业自觉和职业追求的人来说，这里简直就是中国的"巴学园"，就是"北京亦庄"的"雏形"——"我们把统一要求的东西降到最低限度，不考勤，不检查教案，开会不必签到（把全校性的行政会议减少到最低），甚至不统一要求老师交各

种材料——这一切的目的就是给老师提供尽可能大的空间，全力以赴研究孩子，研究教学。"（《当代教育家》《北京亦庄实验小学：资源最大限度向师生倾斜，校长在最不起眼的"角落"里》曹奕，2015-08-15）我们虽然不至于拥有"亦庄"这么大的自由度，但在这里的第一个十年，我一边读书学习，一边实践研究，在自己的三尺讲台上纵情经营自己的"巴学园"。

雪中送炭暖人心，我特别重视对后进生的转化工作，在实践中提炼出一套行之有效的方法——"春雨行动"。首先，详细调查、深入了解后进生的性格、爱好、学习等情况；摸清、分析后进生后进的原因，尤其着重调查学生成长的温床——家庭情况，并建立追踪档案；与家长商讨教育对策。其次，多与其交朋友，因势利导，对他们多表扬，少批评。最后，找出他们的闪光点，找准突破口，运用正确的方式方法与其沟通。这是我有意识地主动实施"因材施教"的阶段。

同时，在这个阶段，我跟着前辈做课题研究，以课堂为实验室，从"九五"规划课题的"课堂教学素质化的研究"到自己开始独立主持"十五"规划课题"大量读写双轨并行"，到"十一五"规划课题"审美化教学语言的研究""教师教学语言技能的研究"，从课堂教学模式到读写到语言研究，我在课题研究中、在课堂教学实践中、在班级管理艺术研究中成长，自由而快乐地完成了第二阶段的成长——"在不断建构与解构中摸索、前行"。

第三乐章 好风凭借力

如果说第一、第二阶段的成长更多的是靠自身的自觉和努力完成的，那么，第三阶段的成长则是结合时代发展的结果。新一轮课程改革与教育均衡发展政策的推行，让更多的教师在专业发展的道路上得到更多的资源与机会，我便是其中的幸运儿之一。从成为广东省新课程骨干教师到市、区兼职教研员，从省校长工作室主持人助理到区、市名教师，从省"百千万"名师培养对象（优秀学员）到江门市教育专家培养对象，到省名师工作室主持人……它们印证了一个热爱教育的青年教师的成长历程。随着培训学习的不断提升，这些年，我会思考：我有没有自己的教学风格？如果有，是怎么样的风格？答案，似乎一直不唯一。

在对的时候遇到对的人，是多么幸运。我参加二师策划的专业培训，有幸聆听上海洵阳路小学朱乃楣校长的发言："一节课是无法穷尽我的老师的课堂智慧的……教育，不仅仅是上一节公开课的事……比赛课能不能拿奖，关联的要素有很多……教育的成功最终指向学生的成长。"机缘巧合，我涉猎到"全语文"研究，这种20世纪70年代已开始在加拿大、美国、英国、澳大利亚、新西兰、中国台湾、中国香港等国家和地区施行的语文教学理念，虽然百家争鸣，但是细读其中阐述的理论，我找到了自己20多年来一直处于原生态的本真的教学行为的最真实最写实的理论鉴证版本：

提供更多的机会，让学生参与学习，让他们成为教室的主人；提供整体学习的模式，解决语文学习中出现的支离破碎的现象；修订及增补学习内容，使学习与生活相衔接；提供多样化的语文活动，以激发学生学习语文的动机，让学生主动学习语文，多读多写；等等。

（《"全语文"是什么》1999年第1期《课程　教材　教法》郭懿芬）

基于这样的理论支撑，结合我从教以来从无意识到有意识实施"因材施教"的新做法，我开始要求自己把这个理念进行更深层次的内化、丰富，结合时代特征，形成新的有价值的经验。于是，我整理、提炼自己的教学特色，以因材施教为圆心，提炼出"文本赏识法"的阅读教学方法及"扫视朗读法""放声朗读法"等提高语文素养的阅读教学手段。在小学阶段开展"先学后教"教学模式，不断设计、调整科学的"先学后教"导学流程，让学生课前充分预习，课堂上教师主导，生生互学，以学定教，使学生的学力得到不断提高。我尝试"小老师站讲台"的课堂教学模式，通过辅导全班学生如何阅读分析讲解课文的方法，选取单元中的略读文章，选取学优生率先"站讲台"讲课，我做好"伴航"的指导工作。没有大量的阅读就谈不上语文素养。把课外阅读课程化，是我正在研究和实践的工作。从小学低年级开始，我试着搞低年级的群文阅读和绘本阅读，结合学校一切教育教学工作，推进"课题研究成果活用行动"，使科研真正产生兴校的作用。

在作文教学方面，我提出走"体验式"作文教学与构建"线索性"写作提纲相结合之路：通过对生活中各种资源的发掘，生成作文的课程资源；通过创设特定的情境、提供写作资源，让学生体验；通过指导学生将生活经历、生活体验梳理出一条或者两条线索,在"线索"两旁丰富材料,形成写作提纲。我开设"小助教"执教、干部负责制以及开展各种综合性活动,让各种基础的学生都有所发展……

2017年,我挂职到农村小学交流任教。在农村小学这个平台上,面对和以往有所不同的教学对象、教学环境,我借助省项目组的培训任务以及专家组和同伴的帮助指引,把以往的经验、做法结合本地实际,在"全语文"理念的指导下,坚定地、愉快地、满怀信心地在横江小学这块农村土地上开始了我的新一轮"土改"行动。课堂上,我逐步"淡出舞台",不拘泥于字字句句的严丝合缝,不纠缠于分分秒秒的准确调配,不着眼"万众瞩目"的我说你记,我在明确的教学目标之下,以亦庄亦谐的语言和学生遨游知识的海洋,以趣实相兼的知识运用让学生懂得学习即生活。从《推介校园美景》到《毛主席在花山》到《威尼斯的小艇》,可以看到理念对一个人的影响。"全语文"理念让我把精力和研究方向定格在"让语文教学更有趣更有用"上。

仰望星空,脚踏实地,在教学这块土壤上,我越来越深刻地认识到:

"教师的职责已经越来越少地传递知识,而越来越多地激励思考,除了他的正式职能以外,他将越来越成为一位顾问,一位交换意见的参与者,一位帮助发现矛盾论点而不是拿出现成真理的人。他必须集中更多精力和时间,从事那些有效果的和有创造性的活动,比如互相影响、讨论、激励、了解、鼓舞。"

(联合国教科文组织出版的《学会生存》)

过去,我在"全语文"之外践行着"全语文";未来,我以行动践行我的"三·全语文"教学主张。

上 篇

理论研究

"三·全语文"研究篇
——提升小学生口才与文才水平的研究

（立项批准号：2012YQJK100）（2013—2015）

2013年12月26日，"全球化时代提升小学生口才与文才水平的研究"课题通过省立项。课题组成员马上投入研究，2014年1月做开题报告，2014年12月做中期报告。2015年12月如期进入结题阶段。本项目研究小组选取实验对象，用两年时间推进课题研究，通过组建"智囊团"、整合"新资源"、健全"组织部"，做好课题研究的软硬件保障工作；通过"开发三山"，拓展资源，铺平口才文才训练高速路，"丈量五岳"，逐个突破，开辟口才文才训练新天地；通过校内先行，推进行动第一级。校外同侪，推进行动第二级。走出社会，推进行动第三级。系列化地有步骤地把研究成果《小学生口才文才训练营》以及相关的训练活动做法进行有效推广，有效提升了小学生口才和文才水平，顺利达到研究的预期目标。

基本情况

一、课题研究背景

1. 互联网技术使世界成为地球村，全球化时代需要教育培养国际化人才

如果说语言的诞生使人类大脑第一次发生质变，那么互联网就是第二次。（中国科学院研究生院管理学院刘锋研究员）从农耕时代到工业时代到信息时代，互联网正以改变一切的力量，使世界成为"地球村"。国际化人才的培养成为教育领域的重点研究项目。

国际化人才的定义有多种表达，但大多趋于以下方面：具有国际化意识和胸怀以及国际一流的知识结构，视野和能力达到国际化水平，在全球化竞争中善于把握机遇和争取主动的高级人才。国际化人才应具备以下七种素质：宽广的国际化视野和强烈的创新意识；熟练掌握本专业的国际化知识；熟练掌握国际惯例；较强的跨文化沟通能力；独立的国际活动能力；较强的运用和处理信息的能力；且必须具备较高的政治思想素质和健康的心理素质，能经受多元文化的冲击，在做国际人的同时不至于丧失中华民族的人格和国格。

2. 我国小学语文教育的一般现状

在名师的展示课堂上，我们总是能看台上的学生侃侃而谈，滔滔不绝；回到自己的家常课，很多一线教师却面对自己学生"蹩脚"的表达交流能力徒叹奈何。名师的展示课堂何以精彩纷呈？除却名师所必备的深厚教育教学功力，这些"借班上课"的学生个个"身怀绝技"也是一个重要的因素。这些绝技就是语文学科所独有的口才与文才。我因为工作的关系，曾在本地区及省内多所小学进行过交流、考察，发现我们语文课堂均不同程度地存在"重（zhòng）写、轻读、少说"的现象。究其原因，有以下几点：

（1）现行考试制度仍然偏重于考查学生的答卷能力，过分重视一次性考查的卷面分数。虽然卷面考查内容也有相关口语交际的内容，但是因为表达的方式最终还是通过文字，而且考卷中口语交际部分占分一般只是5%，所以，在实际基层教学中，不少教师会走一条"考什么就教什么"的功利性道路，重视能够体现分数的文才训练，轻视口才训练，导致读、写、说不能均衡发展。

（2）因为是粤方言区，学生的潜意识思维中使用的是地方母语，要把思维转化为地方语言然后再转化为普通话，最后通过声音表达出来，拐的弯多了，表达就有困难。这也是造成文才与口才未能同步发展的一个客观原因。

3. 中美教育对比，凸显我国语文教育须重视口才培养

全球化时代呼唤国际化人才，人才的摇篮始自学校教育，而对比中外课堂，有专门研究中美课堂的学者提出：中国课堂最缺三项东西，首先就是说，"中国的语文课堂没有教学生口头表达"（"中国的语文课堂没教批判性思维""中国的语文课堂没有教阅读的方法"）。"美国的英语语文教育，从小学开始就训练学生的口头表达能力。到了中学，更加有系统的训练。"这一语道破了我国与国际发达国家之间在人才培养领域的教育差距。教育的侧重点不同导致受教育者能力的差异。

综上所述，为满足时代对人才的需求，为应对国际化人才竞争，应该从小学就开始，以语文学科作为突破学科，进行系统的口才与文才兼具的教学改革探索。

二、概念界定

（1）随着全球联系不断增强，人类生活在全球规模的基础上全球意识逐步崛起。国与国之间在政治、经济贸易上的联系逐步增强，世界逐步变成一个整体。在全球化的时代下，国际化人才的七个要素如何在学校教育中得到有针对性的培养？本课题项目侧重从小学语文学科出发，以口才与文才的培养作为突破口，为国家的发展从小培养人才。

（2）"语言是工具、武器，人们利用它来互相交际，交流思想，达到互相了解。""语文的本质属性是工具性和思想性。"进入全球化时代，在对比发达国家人才特点后，在小学语文学科中，很有必要加强语言的系统训练，包括了口头语言训练和书面语言训练。本课题中的"口才"即口头表达能力，"文才"即书面表达能力。

三、课题研究的目的、意义和价值

1. 研究的目的、意义

随着全球化时代的来临，在越来越多的人才竞争项目中，我们都可以看到对"口才"的重视，公务员考试，笔试过了，要面试；教师招聘考试、大型企业招聘……莫不如是。中国著名演讲家、"新中国演讲事业开拓者"、中国第一位演讲学教授邵守义更有一句名言："是人才未必有口才，有口才必定是人才。"在广东省新一轮"百千万人才培养工程"中，明确对培训对象提出口头表达能力上的要求——因为名师要肩负起优质教育的推广、辐射的责任，必须是"内外兼修"型人才。

综上所述，在全球化时代，在这个对现代人才标准提出更高更强要求的时代，培养口才与文才兼备的"双才"学生应该是每一个语文教师不可推卸的责任。本项目将以学校、班级为主阵地，并联合家庭、社会，组成"三位一体"的立体实践研究模式，探讨在全球化时代，小学生口才与文才培养的有效模式。

2. 理论价值和实践价值

国内对口才和文才（以下称"双才"）的研究较多，有单独研究口才的，也有单独研究文才的，还有"双才"整合起来研究的。在小学语文领域，教材中有"交流平台""口语交际""综合性学习"等课程内容的设置，这些安排为小学生听说读写综合能力的训练提供了较为系统的教材体系，但在基层教学中，却不同程度地存在"重（zhòng）写、轻读、少说"的现象。

纵观所翻阅的文献资料，从小学生的角度论述"双才"培养的研究并不多见，把它们整合起来，主要面对小学生进行培养的研究就更加少了。以"口才"为例，我们可以看到，在《义务教育语文课程标准（2011年版）》中关于口语交际的评价表述：口语交际的评价，须注重提高学生对口语交际的认识和表达沟通的水平。考查口语交际水平的基本项目可以有：讲述、应对、复述、转述、即席讲话、主题演讲、问题讨论等。口语交际的评价应按照不同学段的要求，综合考查学生的参与意识、情感态度和表达能力。第一学段主要评价学生口语交际的态度与习惯，重在鼓励学生自信地表达；第二、第三学段主要评价学生日常口语交际的基本能力，使学生学会倾听、表达与交流；第四学段要通过多种评价方式，促进学生根据不同的对象和内容，文明地进行人际沟通和社会交往。评价宜在具体的交际情境中进行，让学生承担有实际意义的交际任务，并结合学生在日常生活和学习活动中的表现，综合考查学生真实的口语交际水平。这段话对口语交际提出了考查的项目以及各个学段的评价内容，但是，没有更为具体的评价指标体系。

所以，在深刻地剖析了时代对人才的需求后，我认为语文教师很有必要也有义务从小学开始，把小学生的"双才"培养放在重要位置，探索与时俱进的人才培养模式，为我省打造教育强省、文化大省贡献力量。

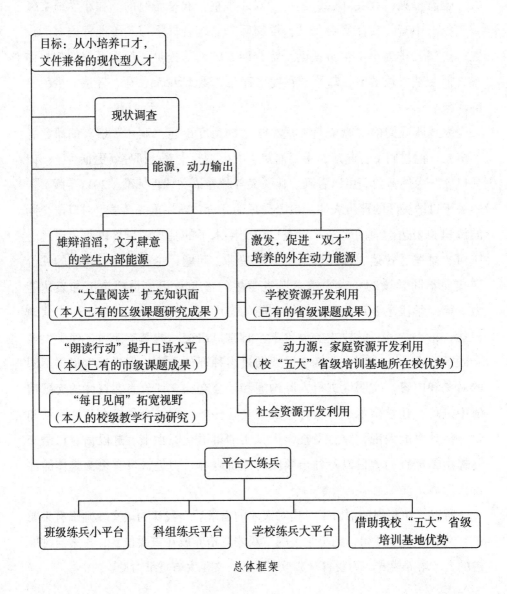

四、研究的目标和研究内容

（一）课题研究目标

（1）改变以分数为主的评价方式，改变语文课堂"重写轻说"的现状。

（2）探索有效地提高小学生口才和文才的途径，从小培养口才、文才兼备的国际化人才。

（二）课题研究内容

1. 总体框架

目标：从小培养口才，文件兼备的现代型人才

现状调查

能源，动力输出

雄辩滔滔，文才肆意的学生内部能源

"大量阅读"扩充知识面（本人已有的区级课题研究成果）

"朗读行动"提升口语水平（本人已有的市级课题成果）

"每日见闻"拓宽视野（本人的校级教学行动研究）

激发，促进"双才"培养的外在动力能源

学校资源开发利用（已有的省级课题成果）

动力源：家庭资源开发利用（校"五大"省级培训基地所在校优势）

社会资源开发利用

平台大练兵

班级练兵小平台

科组练兵平台

学校练兵大平台

借助我校"五大"省级培训基地优势

总体框架

2. 基本内容

本项目旨在针对当前不少学校、教师过分重视可见的评价——笔试的分数，忽略学生综合素质的培养，尤其是在口才方面的培养的现状，提出"口才与文才兼修"的研究目标。围绕此目标，设定的研究基本内容是：

（1）从听入手，强化语感。

（2）大量阅读，加大阅读内存，习得文字表达技巧（与本人的区级"十五"规划课题"大量阅读，双轨并行"成果结合）。

（3）致力推广校园朗读行动，习得口语表达技巧（与本人的市级"十二五"规划课题成果整合）。

（4）从活化写作素材入手，为文才培养注入鲜活元素。

（5）研究"家、校、社会"三位合一的资源开发与利用，打造高层次练兵平台，提早培养全球化背景下的新型人才。具体细化为以下八个方面：

① 营造有利于提升小学生口才与文才的氛围；

② 从朗读入手提升小学的口才与文才；

③ 构建注重语言交际功能的课堂教学模式；

④ 口才训练活动探究；

⑤ 探索促进外部语言内化的有效途径；

⑥ 探索以口语交际提高口才能力的途径；

⑦ 构建注重文才训练的课堂教学模式；

⑧ 以大量阅读促进口才与文才的形成。

3. 拟突破的重点、解决的问题及主要创新之处

口才训练，一般都是从大学甚至是学生走上工作岗位之后才开始提出的一个概念，但是我研究了人们成才的历程和各阶段的发展规划后发现，到那时才提出"口才""文才"的培养，真是"书到用时方恨少"。所以，我提出，作为教育工作者，要有敏感的人才培养意识，从小就开始有意识有规划地培养学生全方位的综合素质。对语文教师来讲，"双才"培养是培养语文能力的重点。但是正因为人们长期以来习惯于等到"用"的时候才来想"该培养了"，造成了教学上有很多急功近利的做法。前面提到的在基础教育阶段教师过分重视，甚至是"只重视"分数的现象就源于此。所以，本项目提出在小学阶段就着力于学生"双才"的培养有一定难度。现行的可借鉴的经验、做法基本都是针对成年人的。因此，本项目要突破的重点就是根据小学生的知识水平和可持续发展的态势，走出一条能够在小学生群体中操作的培养模式，实现人才培养从基础教育阶段开始。

4. 本项目的研究方法、技术路线

研究方法：行动研究、问卷调查、个案跟踪、课例研究、活动开发。

技术路线：听力培养—大量阅读—推广朗读（朗读、朗诵技能培养、幽默感培养、口语交际能力培养、辩才培养）—活化写作素材（文才培养）—全程以全方位的练兵活动平台为推进剂。

（三）课题研究计划

1. 课题研究准备阶段（2013年11月—2014年3月）

成立课题实验小组，课题组的成员收集相关资料，学习相关的理论知识，进行课题研究论证，制订课题实施方案。做实验前期测评。

2. 专题研究阶段（2014年3月—2015年7月）

用两年时间实施研究，根据实施方案，先对教师进行相关的语言技能与写作技能培训。课题组成员根据研究内容采用"不分阶段，各有任务，全程研究，定期交流"的模式，通过举办讲座、举行比赛、研究课例、撰写经验文章等活动，探索在新的历史时期小学生口才与文才培养可行模式，解决人才培养"临时抱佛脚"的尴尬局面，从小学开始为未来社会发展培养人才。

在整个专题研究阶段，借助区"江华教育联盟""区校长工作室""省教师工作室""省校长培训基地""省教师培训基地""省港澳姊妹学校"等优势，以及广东外语艺术职业学院张燕教授的全程指导，五邑大学文学院孟祥荣教授的指导，蓬江区教育局教研室韦思扬主任和陈惠莺副主任的全程指导，在教科研专家丁必聪校长的全程指导和大力支持下，推广卓有成效的课题成果，为我省基础教育事业贡献力量。

3. 结推广阶段（2015年9—11月）

整理两年来课题研究的总成果，撰写高质量的研究报告；整理课题组成员的研究论文，在区级以上教育行政部门推广成果。

（四）本课题的研究对象

分三类人员：

（1）所有课题组成员所在班级，均为本项目实验班，共9个，合计432人。项目实验班级在日常教学中落实训练，创新开展实验研究，切实提高小学生口才与文才。

具体做到以下几点：①班级建有"图书角"，并落实书源，开展图书借阅活动，提高学生的阅读兴趣和阅读面。主持人对各成员所在班级输出图书角管理技术。②每学期开展"三个一"活动：一次班级读书交流会（主持人将输出读书交流会开展技术。交流会由课题组统一时间进行），一次口才能力大赛（绕口令、辩论、即席发言、语言故事、播报新闻、国旗下讲话人等），一次综合素质考核（课题组成员所在班级随机选取对象进行跟踪考核、集体考核）

（2）专题兴趣小组"口才文才班"学员30人。

（3）举行科组及全校活动时涉及的不定额学生。

主 要 做 法

一、课题研究的主要措施

1. 组建"智囊团"，保证"航程"顺利

课题组充分研究能够动用的研究资源，合理利用，提升课题研究实效。开展课题实验研究，要有先进的理论做指导，课题组得到有关专家、学者的支持，组建起一支由"省市区三级专家"和"大学与教研部门"同步联动的"智囊团"，直接指导课题研究的开展。专家团队包括理论指导专家：广东外语艺术职业学院中文系主任张燕教授、马永建教授以及五邑大学文学院孟祥荣教授；实践指导专家：广东省特级教师丁必聪校长；理论与实践相结合的指导专家：江门市教研室陈育庭主任和蓬江区教育局教研室陈惠莺主任。

2. 整合"新资源"，提升研究实效

结构合理，实力卓著的"智囊团"保障了课题研究将会在正确的理论

指引下开展研究工作。合理地整合已有的研究资源，则可提升研究实效。主持人所在学校是本地区首个教育联盟——"江华教育联盟"的牵头学校，拥有"区校长工作室""省教师工作室""省校长培训基地""省教师培训基地""省港澳姊妹学校"等优势，本课题主持人分管学校教学工作，这些资源也是主持人能够直接联系调度的，整合这些资源必定对本课题研究工作起到重要的促进作用。

3. 健全"组织部"，保证研究有序进行

本项目直接受本校科研中心专业、规范的管理，按照科研中心的要求，建立课题档案，组织研究活动，成立区名教师、名班主任、骨干教师为课题组成员的课题研究小组，确定研究对象，明确任务分工，深入实践研究，为研究的顺利开展提供了决策上的保障。课题组内的成员每个人都有明确的分工，采取集中研究和独立工作相结合的方式，通过定期交流、举办活动、撰写论文、上研讨课、举办讲座等形式，实现课题研究螺旋式推进。

二、课题研究过程

（一）准备调研阶段：（2013年11月—2014年1月）

项目主持人早在有意向申报此项课题研究之前就已经有目的有计划地组织几位志同道合的教师进行一些前期的研究探索工作了，包括：对各个年级段学生在课堂上的发言情况的观察，调查了解家长群体对学校育人目标的期待，采用个别访谈的形式分别了解教师和学生是否有意愿在口才和文才的培养方面有所提升等。成员开始重点涉猎有关口才与文才方面的研究文献。

针对当前小学生语言表达能力的现状，课题组在研究初期，随机抽样对本校30位教师进行了访谈及问卷调查。调查结果如下：25位教师反映，所任教班级的学生普遍说话缺乏完整性，语言简单，说多句话时语言非常不流畅，缺乏条理，不能说出的重点。在课堂上回答问题，学生普遍声音太小，个别学生答非所问，语言含糊不清，缺乏基本的逻辑、条理及完整性。

教师口语能力教学现状问卷调查统计表（无记名）

序号	问题	选项	结果
1	你的学生喜欢上口语交际课吗？	A. 很喜欢 B. 碰到他们感兴趣的内容，才会喜欢 C. 不喜欢	
2	口语交际课中，你的学生是否经常发言？	A. 经常举手发言 B. 偶尔，不太喜欢举手 C. 很少发言	
3	在口语课上你经常会采用一些有趣的方法来激发学生的交际兴趣吗？	A. 经常采用各种方法 B. 很少采用 C. 基本上不采用	
4	你重视对学生的口语表达能力的培养吗？	A. 重视，而且练习的形式多样 B. 一般，只是有时进行练习 C. 不重视，上课只提优秀生答题或直接对答案	
5	上口语交际课的时间安排	A. 充分保证 B. 随意占用 C. 忽略不上	
6	口语交际课的内容	A. 完全按教材上 B. 选择贴近生活或学生感兴趣的话题组织教学 C. 以上两点都有	
7	你认为口语交际教学对学生	A. 有用，很有必要 B. 一般，可要可不要 C. 没必要开设	
8	你在上口语交际课时，经常用的方式是	A. 创设情境式 B. 直接授予 C. 没有模式	
9	口语交际课时，你班学生大部分的表现是	A. 胆子小，态度拘谨 B. 口齿不清，发音不准 C. 缺乏条理，词不达意 D. 大方自然，口齿清晰，有条理	
10	你给学生上口语交际课，你看到学生	A. 口语表达能力有所提高 B. 口语表达能力提高很快 C. 与原来差不多	

教师口语能力教学现状问卷调查情况统计及分析

调查时间	2013年12月24日	调查对象	本校教师
发放调查表份数	30	回收调查表份数	30（100%）
各选项人数所占百分比			

1	你的学生喜欢上口语交际课吗？	A. 很喜欢（33.3%） B. 碰到他们感兴趣的内容，才会喜欢（50%） C. 不喜欢（16.7%）
2	口语交际课中，你的学生是否经常发言？	A. 经常举手发言（33.3%） B. 偶尔，不太喜欢举手（50%） C. 很少发言（16.7%）
3	在口语课上你经常会采用一些有趣的方法来激发学生的交际兴趣吗？	A. 经常采用各种方法（33.3%） B. 很少采用（66.7%） C. 基本上不采用（0%）
4	你重视对学生的口语表达能力的培养吗？	A. 重视，而且练习的形式多样（33.3%） B. 一般，只是有时进行练习（56.7%） C. 不重视，上课只提优秀生答题或直接对答案（10%）
5	上口语交际课的时间安排	A. 充分保证（10%） B. 随意占用（87%） C. 忽略不上（3%）
6	口语交际课的内容	A. 完全按教材上（90%） B. 选择贴近生活或学生感兴趣的话题组织教学（3.3%） C. 以上两点都有（6.7%）
7	你认为口语交际教学对学生	A. 有用，很有必要（90%） B. 一般，可要可不要（10%） C. 没必要开设（0%）
8	你在上口语交际课时，经常用的方式是	A. 创设情境式（33.3%） B. 直接授予（50%） C. 没有模式（16.7%）
9	口语交际课时，你班学生大部分的表现是	A. 胆子小，态度拘谨（66.7%） B. 口齿不清，发音不准（13.3%） C. 缺乏条理，词不达意（6.7%） D. 大方自然，口齿清晰，有条理（13.3%）
10	你给学生上口语交际课，你看到学生	A. 口语表达能力有所提高（66.7%） B. 口语表达能力提高很快（13.3%） C. 与原来差不多（20%）

续 表

各选项人数所占百分比

调研分析：随机调研30位语文教师，其中本校教师10位，教育联盟内教师10位，江华片学校教师10位。回收率100%。调研结果显示，语文教师对学生的口才能力的培养均认为很有必要，但是绝大部分教师没有在这一领域有实质性的重视，在教学形式和内容上鲜有做出实质性的探究行动的。而从教师反馈回来的信息也可看出，学生的口语交际水平普遍不佳，学生不会说、不愿说、说不好成为一种非常普遍的现象。

调查及分析人：黄佩华　周健华

学生口语能力现状问卷调查统计表

姓名_____　班级_____

序号	问题	选项	结果
1	你喜欢上口语交际课吗？	A.很喜欢 B.碰到我感兴趣的我就喜欢 C.不喜欢，觉得没意思	
2	上课中，你是否经常发言？	A.经常举手发言 B.偶尔，不太喜欢举手 C.很少发言	
3	你在日常生活中是否积极与他人交流？	A.很积极 B.一般 C.不积极	
4	在家时，你把学校发生的事说给父母听吗？	A.经常 B.偶尔 C.从不	
5	如果班里发生了一件事，你愿意第一个把它告诉老师吗？	A.愿意 B.不愿意	
6	你认为你的口语交际能力怎样？	A.很生动精彩 B.很认真，但不够吸引人 C.马马虎虎，完成任务	
7	你希望课堂上多开展些口语交际活动吗？	A.非常希望 B.希望，不过我不想参加，只想看别人怎么活动 C.不希望	
8	你认为口语交际重要吗？	A.非常重要 B.考试不考，无所谓 C.不知道	

序号	问题	选项	结果
9	通过上口语交际课，你认为你自己	A.习作能力提高很快 B.习作能力有所提高 C.习作能力和原来差不多	
10	通过上口语交际课，你认为你自己	A.口语表达能力有所提高 B.口语表达能力提高很快 C.与原来差不多	

填表说明：

1. 此问卷调查仅对目前小学语文口语交际实际情况做一些现状了解，请同学们如实填写。

2. 本表为实名调查，在相应结果栏填入所选的结果的字母，完成好后请及时上交，谢谢合作。

学生口语交际现状问卷调查统计情况及分析

调查时间	2013年12月18日	调查对象	三至六年级学生
发放调查表份数	200	回收调查表份数	189（回收率94.5%）
各选项人数所占百分比			

1	你喜欢上口语交际课吗？	A. 很喜欢（45.5%） B. 碰到我感兴趣的我就喜欢（53.5%） C. 不喜欢，觉得没意思（1%）
2	上课中，你是否经常发言？	A. 经常举手发言（27.5%） B. 偶尔，不太喜欢举手（41.8%） C. 很少发言（30.7%）
3	你在日常生活中是否积极与他人交流？	A. 很积极（20.2%） B. 一般（69.8%） C. 不积极（10%）
4	在家时，你把学校发生的事说给父母听吗？	A. 经常（47.6%） B. 偶尔（41.3%） C. 从不（5.8%）
5	如果班里发生了一件事，你愿意第一个把它告诉老师吗？	A. 愿意（29.6%） B. 不愿意（70.4%）
6	你认为你的口语交际能力怎样？	A. 很生动精彩（12.2%） B. 很认真，但不够吸引人（30.7%） C. 马马虎虎，完成任务（57.1%）

各选项人数所占百分比		
7	你希望课堂上多开展些口语交际活动吗？	A. 非常希望（47.6%） B. 希望，不过我不想参加，只想看别人怎么活动（52.4%） C. 不希望（0%）
8	你认为口语交际重要吗？	A. 非常重要（94.7%） B. 考试不考，无所谓（5.3%） C. 不知道（0%）
9	通过上口语交际课，你认为你自己	A. 习作能力提高很快（23.3%） B. 习作能力有所提高（76.7%） C. 习作能力和原来差不多（0%）
10	通过上口语交际课，你认为你自己	A. 口语表达能力有所提高（74.1%） B. 口语表达能力提高很快（25.9%） C. 与原来差不多（0%）

调研分析：发放的200份问卷，回收189份，回收率94.5%。学生来自本校三至六年级，随机抽访。每个年级随访50名学生。反馈数据显示，三、四年级的学生口头表达的欲望较高年级学生高，越往高年级，学生课堂口头表达的欲望越低。但绝大部分学生表示口头表达能力非常重要，却非常矛盾地表示只愿意在相关的提升活动中当"看客"，显示学生口语交际中心理方面普遍缺乏"自信"，这是影响学生口才的重要原因。此外，口语交际课（或称口才训练课）教师缺乏方法的指引，是影响学生口才能力的另一个重要原因。

调查及分析：黄佩华、周健华

针对调研情况，课题组研究并分析造成学生口才能力低下的原因，主要有以下三个：

1. 土壤贫瘠——课堂缺乏语言训练

现今小学教学中在缺乏培养口头语言表达能力的环境：国家提出素质教育的要求多年，但是应试教育仍不可否认地普遍存在，社会、家庭仍然以分数论学校成败，倒逼学校成为追逐分数大军中被动的一员，口才能力的评价体系没有得到教育行政部门的足够重视，考卷仍然以考核文才能力为重。学生的学习压力大，真正能让学生自主开展口语交际训练的机会很少，就算是写作的训练，也是让学生学会应用于高分作文的模板式写作。由于完全剥夺了学生语言表达的自主性，使很多学生对语言表达训练缺乏兴趣，加上部分家长忽视与孩子的沟通，或是有许多不良的语言表达习惯对孩子的语言产生了负面的影响，使孩子的语言表达不尽如人意。

2. 缺乏自信——缺乏群体的交流、合作

有人说，中华民族是内敛的民族，中国人"讷于言"的形象似乎已经是国际形象了。学生语言表达能力水平低，从大方面讲，受中国长久以来儒家文化的影响，也受中国近代以来百年屈辱史影响，我们缺乏自信；从小方面讲，越往高年级，学生的羞涩心理与个人内心自信缺失成为阻碍学生口才提升的绊脚石。有些学生自尊心较强，怕回答问题出错，别人笑话；有些学生胆小怕事，自卑的心理、情绪严重；有些学生性情孤僻，不愿与他人沟通。课业负担重，自小缺乏群体交流的环境，使学生自我封闭的现象日益严重。这对学生的口头和书面的语言表达能力的培养和发展产生了负面影响，导致学生的口头和书面语言"平淡如水""缺乏真实性""缺乏个性特征""言不达意"……要从学校层面解决问题，可以做的是在学生群体中创设融洽的群体沟通、交流、合作的环境，建立健康自信的交往心理，交给学生一定的口才训练技巧。

3. 脱离实际——缺乏语言表达的情境

课堂教学中缺少培养语言表达能力的情境。许多教师为了完成教学任务，应付各级各类测验、考试，忽视了语言表能力形成的基础——语言来源于实际生活中的实践经验。在教学中，有些教师不重视为学生创设语言表达的环境，导致学生对课堂上讲授过的词句掌握不扎实，不会灵活运用，即使能运用也不过是生搬硬套罢了。另外，教学中的书面语言与生活语言也严重脱节，这种教学与实际的脱节很难达到语言表达能力训练的目的。

综合上述分析，制约学生的口才能力发展的最重要因素是缺乏培养语言能力必要的实践环境、技巧，以及群体沟通交流的渠道。

（二）专题研究阶段（2014年1月—2015年7月）

课题成功立项以后，2014年1月7日举行开题报告会。开题采用通信论证开题和单项会议开题相结合的方式。由广东外语艺术职业学院张燕教授、马永建教授组成通信论证评议专家组，结合在省"百千万"名教师培养对象第三期集训中（2013年5月）两位教授的评议意见和建议再次进行了开题论证活动，在1月7日前完成了通信论证；由五邑大学文学院孟祥荣教授、蓬江区教育局教研室韦思扬主任、江华小学丁必聪校长（广东省特级教师、副高级）、江门鹤山市语文教研员杨连仲（副高级）、江门市江海区语文教研员张巧珍（副高级）组成单项会议开题论证评议专家组，开展会议开题。

开题以后，第一期的重点研究工作落在"口才"培养方面。因为在小学阶段开展的口才培养的研究较少，而本次研究是在此基础上，发挥口才与文才培养相辅相成的作用，使研究效果最优化。而且在阅读和写作方面，我们已经进行了多年的研究，从"九五"规划一直到"十二五"规划的课题，我们都有相关的行动研究，学校教师在这些方面的探讨和实践都可以算比较成熟。张燕教授认为：先从口才研究入手，后与文才研究汇合，形成口才与文才兼备的人才培养模式。课题研究活动以"边研边用，研用结合"为宗旨，"以口才研究为主，以文才研究为辅，分阶段重点推进，最后归源整合训练"。经过两年时间的探索、整理，我们探究出了"小学生口才文才训练的'三山五岳'训练模式"。"开发'三山'"以完成课题研究的刚性建设需要——开发校本教材、开设校本课程、开展推广活动；"丈量'五岳'"以完成课题研究的软性建设目标——以"'花'—好—话—连—篇"突破口才文才训练中的五个重点难关，实现学生口才文才训练的科学高效化。

1. "开发三山"，拓展资源，铺平口才文才训练高速路

"开发三山"即开发口才文才训练的刚性建设的三大"名山"——开发校本教材、开设校本课程、开展推广活动。从2013年12月开始，课题组已经有步骤有计划地进行"三开发"的准备工作。

第一，开发校本教材，研究活动有据可依。2013年12月开始，我们在借鉴国内外先进的口才学研究成果的基础上，以小学生为对象，结合小学生的年龄特点和认知水平，在课题组特聘专家、国内口才学久负盛名的殷亚敏教授和课题组导师张燕教授的具体指导下，开始了编制《小学生口才文才训练营》一书的历程。在一年多的使用过程中，课题组根据使用情况反复修改书稿，使其更加科学、完善。实验学生使用试用版教材（学校复印件）后，均表示对教材很感兴趣，觉得很实用。非课题组教师使用后反馈，此教材可操作性很强，而且借鉴了综合实践活动等课程的编排形式，有活动、有训练、有评价，非常全面，非常实用。

2015年1月，该书稿正式完成全部修改工作，通过了中国文化出版社的出版审查，付梓印刷。在经费方面学校非常支持，除一部分由课题科研经费支出外，学校也承担了一部分的费用，使校本教材研发顺利完成。《小学生口才文才训练营》这套教材以小学生喜爱的形式，以口才训练为主，文才训练兼备的方式，分七个部分进行系统训练，分别是：第一站，口才文才真奇妙；第二站，练胆定心；第三站，好"声"好"气"；第四站，"双舞"传情；第五站，一"简"二"活"三"口诀"；第六站，妙用"一字悟"；第七站，班级之窗，以及"家长的话""后记"。每个部分又按照"指导室""练功场""思维图""我能行""故事会"这五大板块，以图文并茂的形式，让口才文才的训练儿童化、生动化、有效化。

校本教材主要使用范围是：实验班、第二课堂口才文才兴趣班，语文科组教师自行选用。自发布后，这套校本教材得到了学生、教师和家长的一致认同，很多非实验班和兴趣班的学生、校外同行都通过一些渠道索要此教材。以下是教材发行后的一些活动剪影：

2015年3月13日蓬江区特色学校推介会在本校举行，《小学生口才文才训练营》作为大会交流材料之一，得到与会各学校领导的一致认同和赞赏。

2015年3月31日本课题组组织了朗读教学交流暨江华片（江华）专题教研活动。活动邀请了甘光仪小学陈葆康主任和紫茶小学刘斯岚老师做主题教学和专题报告。本教材也在江华片内第一次正式做使用汇报，得到了与会教师的高度认同。

2015年5—6月，课题主持人参加省"百千万人才培养工程"境外培训，在参观赛马会小学时，课题主持人与校方领导和教师交流此教材，引起对方的强烈兴趣，赠阅后对方就其实用性、可行性表示高度赞赏。

2015年11月10日接受江门广播电台采访，课题主持人以及陈子洋、冯显超等口才班学员展示风采。

2015年11月13日江华教育联盟、丁必聪校长工作室赴中山参观交流，本教材作为互访交流的"礼物"赠送给中山同行，得到一致赞赏。

在2015年11月，此套教材也随教育联盟以及校长工作室成员组成的访港师生交流团到达香港，得到香港马头涌官立小学、林汉光中学、潮阳百欣小学同行的高度赞赏。

在2015年12月举办的第四届江华教育论坛上，这本校本教材得到了来自佛山南海以及五邑地区与会专家和同行的高度赞赏。

第二，开设校本课程，理论与实践相结合。课题组开设校本课程实施渠道有两种。一种是兴趣班课程。课题组与教导处沟通，专门开设了口才兴趣班（分初级班和精英班。第一学期为初级班，第二学期再新招兴趣班，原有的兴趣班学生通过考核后升级到精英班上课）。每周二下午第三节课，学校第二课堂开展活动，其中，口才班的学员会集中到相应的教室上课，授课教师主要由课题组成员担任。第二学期初级班的授课教师是由来自农村学校——棠下天河小学到我校进行交流的陈呈主任带班，他使用我们编印的校本教材进行授课。这样安排授课教师，目的有两个：一是考验我们的教材编写的科学性和实用性；二是通过交流的教师来上课，便于今后课题成果的推广使用。口才兴趣班的学员主要来自三至六年级。开学初，课题组张贴招生海报，接受全校有兴趣的学生报名。然后课题组成员组成考核小组，对报名学生进行前期测评和调查，了解学生的现有水平，建立学员跟踪档案，分班授课。这种课程授课比较系统，我们能保证一周一节的专项兴趣课程，按照计划一学年完成一套有系统理论指引的训练课程。第二种校本课程实施渠道是课题组成员结合日常课堂教学，进行课程的整合渗透学习。比如六（4）班坚持每天进行《一字篇》（初期叫《一字悟》）的训练，并且提炼出一个口才与文才兼顾的练习模式，经过近一年的练习，该班学生文章发表率居全校之冠，并且在国旗下的发言、毕业班誓师大会、毕业典礼等活动中，该班多个学生代表全级学生发言，获得高度好评。

附：

口才班招生海报

超级口才兴趣班开班啦！

"一个成功的人，15%取决于技术知识，85%取决于口才艺术"（卡耐基）。奥巴马出色的演讲技艺正是助他走向总统宝座的法宝。

你是否还在为当众讲话紧张而困扰？

你想要在各种场合成为一颗耀眼的明星吗？你想拥有超级演说家的魅力吗？

如果你也想挑战自己，想提升自己的口才艺术，就赶快报名参加"超级口才兴趣班活动"吧！我们研发的口才教程一定会让你大有收获！好口才可以让你受用终身，不要放过这绝佳的机会哟！

培养对象：

1.三至五年级学生。

2.口齿伶俐，发音标准，在校级或以上场合公开发言的优先。

兴趣课活动时间：每周五下午第三节课。

报名办法：请符合条件且有兴趣的同学在本周五下午第一节课到音乐厅面试。

各位同学，让我们为你的成功加油助力！

各位老师，让我们为您的班级培养超级发言人吧！

省"十二五"课题"全球化时代提升小学生口才与文才的研究"课题组

口才班第一节授课内容

一、让人过耳不忘的自我介绍

精彩回放：

熊宇凡：宇宙中最不平凡的大熊猫就是我——熊宇凡。

郭子欣：平底锅——我叫郭子欣。

唐羽：因为爱吃糖果，总是做梦，梦到长出羽毛能飞翔，所以我叫唐羽。

李洁莹：外号洗洁精，可是我不叫李结晶，我叫李洁莹。

二、体验：用三种方式说"你真会说话"，体验效果

第一种：面无表情，语气平淡。

第二种：面带微笑地说。

第三种：面带微笑，竖起大拇指说。

作业：

1.每天早晚跟家人、同学说"你真……"，配上微笑、手势。

2.用耳语法连"引"字发音，增强肌肉记忆。

第三，开展推广活动，科研为教育教学服务。课题组和学校领导层积极沟通，并发挥课题组成员结构的优势（课题组内有学校校长、教导处主任、级长等成员），提高了课题实践研究的效率。我们采用"边研边用，边改边展"的模式，一边进行实验研究，一边把取得的成果投入使用，一边改良一

边展示。开通"校级活动、科组活动、级组活动、班级活动"四大层面的展示和推广渠道。其中，"校级活动展示推广平台"包括：

（1）人才支援"国旗下的讲话"。从2014年3月开始，我们与德育部门达成共识，每周一升旗仪式中的"国旗下的讲话"，讲话的学生代表由我们课题组提供训练资源。

（2）"承包"学校"红领巾广播站"。从2014年9月开始，课题组就"承包"了学校的"红领巾广播站"。广播站的广播流程、播音员招募及培训、播音稿撰写、广播音频采编等一系列的工作使学校的文化生活焕然一新，并且大大激活了学生参与学校经营管理的意识。

课题组组织"红领巾广播站"开头语、结束语征集活动，图为作品征集、评选并展示、结果公布、评讲等系列活动，为学生创设了生动有趣的"语用"环境。

作品征集、评选并展示、结果公布、评讲等系列活动

附优秀开头语、结束语作品两份：

开头语：这里是知识的海洋，这里有智慧的宝藏，静静聆听风的呼唤，

我们已经起航。

结束语：时间有限，知识无限，江华的天空永远那么绚丽多彩！

创作人：梁灵昕　　班级：二（1）班

开头语：晨风吹，阳光照，红领巾，胸前飘。这里是江华小学红领巾广播站。

结束语：时间总是匆匆的，我们要与大家说再见了，让我们相约明天。

创作人：谭锐亭　　班级：二（5）班

（3）组织多项口才专题活动，包括2014年9月，邀请知名电视台记者潘闯到校，为学生做"好口才成就名主播"的专题讲座及口才展示活动；2014年12月，更是邀请到全国口才训练届的领军人物——第三届中国金话筒金奖获得者殷亚敏教授来校，为来自五邑大市近三百名学校领导和骨干教师进行"教师魅力讲话实操训练"。

（4）创造性地开设"周三无作业日"，为学生多元智能发展提供空间。尤其是在口语交际能力的提升方面，课题组取得学校领导的支持，从2014年9月开始，面向全校家长以及学生发放意见征询书及"周三导航"指引意见征询。课题组成员根据回收的意见，整理修改"周三导航"，然后在三至五年级开始试行。"导航"中有偏重于口才能力的指引。

"科组活动展示推广平台"包括：①我们与教导处达成共识，一起承办了"江华小学首届'千人书写大赛'活动"，活动的主持人以及新闻报道等全部由课题组提供人才；②艺术科组12月举办的"翁彤（毕业班学生）个人音乐会"，口才兴趣班学员担任主持，并且负责撰写主持稿。

"级组活动展示推广平台"包括：①与教导处和政教处达成共识，年级家长会的接待工作、主持工作等，均安排口才班学员参与其中，发挥人才的作用；②10月举行的毕业班动员大会，由口才班的蒋励、梁子奇作为学生代表发言。

"班级活动展示推广平台"包括：①在江华片教研活动中，在区语文、数学、音乐等现场教学活动的借班上课中，尤其是12月8—10日江门市小学新课程课堂教学观摩交流活动在我校举办，为每一个班级学生都提供了很好的能力展示平台，尤其是在口才方面。我们每次区级以上的大型活动，都面向评委团发放班级表现评价表，其中口才能力纳入评价指标系，有力地促进了任课教师及学生在提升口才能力训练方面的主动性。

"周三无作业日"是课题组在学校推出的又一项全校性活动，强调动手动口能力的培养，深受欢迎。

课题组组织历时一个学期的"江华十景"评选活动涵盖"选景、命名、写导游词、选小导游"等综合性内容。

课题进入实施阶段以来，通过研发开通"开发校本教材、开设校本课程、开展推广活动"这三座"名山"，使课题研究活动有了充分的理论保障和制度保障。

2."丈量五岳"，逐个突破，开辟口才文才训练新天地

课题组一边做课题研究刚性建设的工作，另一边同步推进软性建设目标。"丈量五岳"是把口才文才训练过程中的五个重难点逐一突破的过程。必须解决的学生口才文才发展的五个关口分别是想说、敢说、易说、会说、精说，我们简称为"欲、胆、声、情、识"五关。课题组边研究边总结、归纳、提炼，形成逐一对应的"'花''好''话''连''篇'"五字诀。总结构图如下：

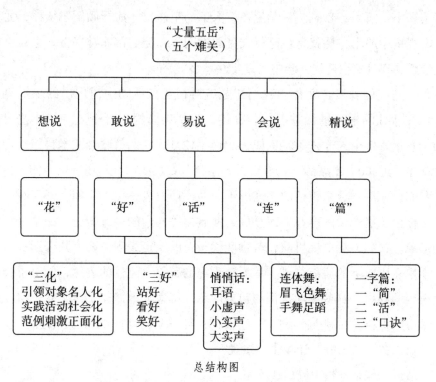

总结构图

第一关："三化"使学生"想说"

让学生有开口说话的欲望，是开展口才训练的第一个台阶。从日常教学观察中以及课题研究的前期调研中我们发现，小学生私下里都像小麻雀一样叽叽喳喳说个不停，但是随着年级升高，以及要求在正式场合说话发言要有一定的内容和逻辑，学生的畏难情绪以及害羞心理等都会影响他们的"声带"的运动。于是，激发学生想说的欲望，是课题组首先要做的事情。我们以"三化"使学生个个想说。

一是引领对象名人化。我们通过邀请名人、专家到学校给学生做报告，亲身示范，燃点学生的兴趣。比如，邀请江门电视台名主播潘闯到学校给学生做演讲；邀请口才学研究领域的顶级专家殷亚敏教授，既对五邑地区的教师进行现场培训，也让口才班的学员打开了眼界。

二是实践活动社会化。我们的小记者进警营活动是与交警中队联合举办的。经过课题组专项培训的小记者自己写采访稿，亲身参与采访。采访活动通过江门市电视台面向全市播放，这大大激发了全体学生对口才学的兴趣。此外，我们还与江门电视台小主播项目有合作，我们输出人才参加电视台的《缤果小主播》节目录制，学生在镜头下的精彩口才演绎倾倒了伙伴，尤其是电视机中的小主播就是自己每天见面的同学，他们都非常兴奋。家长也切实地感受到口才在现代社会中的重要性。

三是范例刺激正面化。我们课题组对在各项活动中涌现出的一批口才好、文才佳的学生进行重点包装宣传，包括出海报、开个人专场才艺展示会、登报宣传个人才艺等。例如，2014年12月，我们就联合艺术科组在音乐厅举办了近300人出席的"翁彤个人音乐会"专场演出，整场音乐会的主持都是我们口才班学员来担任的，翁彤不但演，还发表感想。又如，每天在广播站里传出的播音员的声音，卢昱辰、何欣桐等同学的声音塑造了一个个鲜明的形象。又如，在电视机前，蒋励和梁子奇的淡定表现。还有陆彦彤等口才班学生在国旗下的脱稿演讲，其滔滔不绝的言辞，流畅的表达，倾倒了会场上全校的师生。这些成功范例的包装展示，都大大地鼓舞了学生对于口才技能学习的兴趣。在调查问卷中，绝大部分学生都表示对口才很感兴趣。

第二关："三好"让学生"敢说"

敢说，就是不怕说错、说不好。

一是从心理上提供动力支持，让学生既想说又敢说。动力支持系统包括教师、家长、同伴三方。我们在教师学习活动中分享经验，联合学校的心理咨询室"心语小屋"及专职心理教师林韵一起开展对学生的积极的心理干预，尤其是在人际交往、语言表达等方面。在家长方面，我们通过家长会，和《给家长的信》以及校讯通，给家长灌输各种支持鼓励孩子的信息，在家长会上让成功的典范家长交流经验。在同伴鼓励方面，我们强化班级管理文化，在修订的《江华小学课堂十常规》中，提出同学发言时旁听者的礼貌表现。

二是在技术层面提供能源支撑，让学生的"敢说"有据可依。我们提炼推广的"三好练胆"法，就是针对"敢说"而推出的。"三好"就是在当众发言时，通过"站好、看好、笑好"这三个步骤和方法，在物理、生理层面使自己镇定下来，从容表达自己的观点。我们通过随堂练"站好"。站好有两个标准，就是站直和站稳。站直要做到站如松，腿要注意并拢。为了改变学生起立发言时身体摇摆的毛病，可以训练"站立停三秒"，就是起立后心里默数"一、二、三"然后开始讲话。这个"站立停三秒"的时间里，学生的站姿能够自我调整好，紧张的心理也会得到缓解。这样的训练是渗透在日常教学活动中的。经过一段时间强化后，学生就能增强当众发言的胆量。

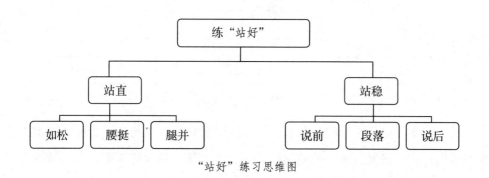

"站好"练习思维图

抓好"午读5分钟"练"看好"。"看好"即通过眼神练习，使学生能够在说话时勇敢和听众进行眼神交流。在每天午读时间中，教师抽出5分钟时间安排学生进行"看好"——眼神练习，采用"3+2"模式，通过3分钟"睁眼法"，即学生在眼睛前上方3～5米处找一个点（绿色最好），睁眼看一秒钟，闭眼一秒钟，再睁再闭。然后用2分钟进行发声练问好和绕口令练习。练问好和练绕口令的时候，同桌两人轮流看着对方眼睛进行发声练习。通过一段时间的练习，学生讲话时能够专注地看着说话对象自然表达了。

"看好"练习思维图

"笑好"即通过微笑练习，让学生获得胆量，心中安定。抓好"晨练5分钟"练"笑好"。在每天早读时间中，教师抽出5分钟时间让学生进行"笑好"——微笑练习，通过耳语（说悄悄话的方式）发"引"字读音。发"引"字音的时候，人的眉眼是同时打开的，此时的笑容最美最自然。采用"3+2"模式，即3分钟自由对小镜子用耳语法练，2分钟同桌面对面发声练。通过一段时间的练习，学生的脸部肌肉形成微笑记忆，紧张心理可以得到缓解。

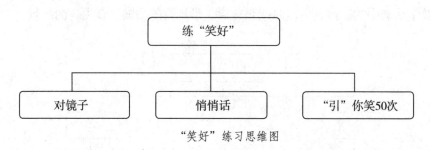

"笑好"练习思维图

北京十一中的《学校章程》中，有这样的规定："校长和学部（年级）不得以行政手段推行某一种教学模式或教学方法；各学科选用各自不同的教学方法或教学模式，提倡百花齐放，对不同风格、不同特点的教师，各学科应允许他们以适合的教学方式进行相应探索，各学科也要避免一刀切的教学方式。"同样地，我们课题组研究提炼的"三好练胆"法首先在口才兴趣班和实验班推行，然后通过这些学生的突出表现来推广。在实验开展的一年时间里，我们没有通过行政的要求去推广"三好"法，因为只有能够通过自主生发延伸推广的经验，才是有生命力的。我们发现，学生的改变是一个很奇妙的过程，他们的"舌头"具体不知道是什么时候开始，明显动起来了，嘴巴敢在公众场合张开发言了。

第三关："悄悄话"让学生"易说"

很多学生在说话时不掌握用声用气的技巧，课题组研发的"悄悄话训练法"，是通过用小声说话的形式练习说话时的用气发声，从物理和生理的角度解决说话发声的问题。我们搜集整理了一套用于练习的绕口令，学生用悄悄话的形式练习这些绕口令，有用又有趣。

"三个渠道""四个层面"练声练气。在解决学生用气发声问题上，课题组从"三个渠道""四个层面"进行渗透性的训练。"三个渠道"即第一，引导学生用耳语法读课文成为每天必练的语文功课。第二，通过每天早读时反复强化一个词——"百炼成钢"的朗读，建议每天练习2分钟，持之以恒，感受如何用气息。因为"百炼成钢"一词集中了普通话里的四个声调，而且四声组合听起来抑扬顿挫，学生在反复的练习中很容易习得如何用气。第三，发挥家庭成员的配合作用，让家长和孩子一起早晚用悄悄话进行问候。通过这三个渠道，既落实了语文学科的朗读训练，又让学生掌握了高深的"丹田用气"，一举两得。"四个层面"是指在指导学生练习发声时，按"耳语—小虚声—小实声—中实声"四个阶段练习发声。一般每个阶段练习两周后，就可以过渡到下一阶段。学生说话用气发声问题解决了，他们更愿意听见自己动听的声音，主动开口说话、朗读的现象也多了。

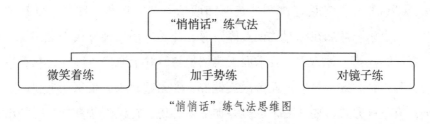

"悄悄话"练气法思维图

"咬字千斤重，听者自动容"，只有发音准确无误，清晰圆润，吐字才能"字正腔圆"，才能吸引听者。所以课题组也重视吐字发音的练习，使学生说话"有气有声"。

吐字发音练习思维图

第四关："连体舞"让学生"会说"

除了有声语言，还有一种重要的语言——体态语。体态语是一种表达和交换信息的可视化的（有的伴声）符号系统，由人的面部表情、身体姿势、肢体动作和体位变化等构成，它更能无声胜有声地巧妙表达信息，同时留给对方更大的想象空间。美国心理学家艾帕尔的研究表明：人的感情表达由三个方面组成，换成公式，即

$$有效表达=55\%体态语+38\%声调+7\%文字$$

这表明，人们获得的信息大部分来自视觉印象。因而美国心理学家艾德华·霍尔曾十分肯定地说："无声语言所显示的意义要比有声语言多得多。"针对小学生说话、朗读缺乏情感的问题，课题组从"面部表情"和"手部动作"训练入手，增强小学生说话、交流的效果，这就是我们提炼的"连体舞"（初期命名"双人舞"，现提炼"五字口诀"后改为此名）。训练法，具体就是：说话、朗读时，"面部表情"做到"眉飞色舞"；"手部动作"做到"手舞足蹈"。这里的"眉飞色舞"和"手舞足蹈"只是取其相关意思，便于学生记忆此法，并非完全照字面意思训练。

在指导过程中，课题组提炼整理出以下几种训练体态语的"连体舞"方法："说真棒""说速度""芝麻和西瓜""成功和气球""延长和缩短""三个乐"。如在练习"说真棒"时，让学生用三种方式来说："你的口才真棒"：第一种方式，要求面无表情地说，脸上肌肉不许动，双手也不许动；第二种方式，要求先面带微笑地说，嘴角翘起来，眼角往上翘，内心微笑；第三种方式，要求面带微笑并加上手势说，在说到"真棒"时伸出右手大拇指。（详见课题组编写出版的《小学生口才文才训练营》一书）

课题组还总结归纳出练习体态语的三原则：生动、仿动、先动。

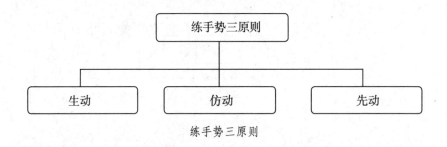

练手势三原则

（说明："体态语三原则"与《小学生口才文才训练营》一书中"练手势三原则"内容一样，此处提炼更名。）

每一个原则的落实都配套有相应的练习，如落实"生动"这一原则，课题组设计了这样的练习体验：

"各位同学注意了，现在我们准备照相。前排的同学请坐下，后排的同学请站起来，大家笑一笑，嘴角翘一翘。"

第一遍，说"前排的同学请坐下"——双手从下往上提。

第二遍，说"前排的同学请坐下"——将双手从上往下按。

然后让学生对比效果，感受手势让表达更生动的效果。

通过系统的训练，课题组教师再指导学生进入根据文字联想出具体的形象，然后通过脸部表情、头部动作等身体语言进行还原表达的阶段。通过这种"道法自然"式的引导，学生很自然地就会融入感情，语调、重音、节奏自然产生，慢慢读书讲话也就能够做到抑扬顿挫了。例如，我们的一个学生在朗读"这个仇我一定要报！"时，左手拿着书，右手很自然地用力一握再狠狠一砸，把对敌人的仇恨淋漓尽致地表现出来了。在朗读"桃花潭水深千尺，不及汪伦送我情"时，二年级的小学生也会头、手自然地摆动。以下是课题主持人创作的一个教学内容的"连体舞"，往届的学生在背诵的时候很容易混淆的"远小近大，远凉近热"等词语，通过连体舞的学习，在课堂上就达到了全班熟背的良好效果。

两小儿辩日

孔子东游，见两小儿辩斗（两手握拳，伸出大拇指，两指相对），问其故。

一儿曰："我以日始出时去人近（侧身向左，伸直两臂后再收回胸前），而日中时远也（正身昂首，双臂向上伸直）。"

一儿以日初出远（侧身向左，伸直两臂），而日中时近也（正身昂首，向上伸直两臂后收回额前）。

一儿曰："日初出大如车盖（侧身向左，双臂伸展各画半圆成大圆形），及日中则如盘盂（正身昂首，向上伸直双臂，两手食指和拇指伸出比画成小圆形），此不为远者小（保持前一个动作基础上，手臂稍微回缩再向上伸出）而近者大（侧身向左，在身边用双臂划大圆形）乎？"

一儿曰："日初出沧沧凉凉（侧身向左，双手交叉抱臂做发抖状），及其日中如探汤（正身昂首，双手作扇风状），此不为近者热（保持正身昂首，双掌回首两颊前）而远者凉（侧身向左，伸直双臂）乎？"

孔子不能决也（摇头，摆双手）。

两小儿笑曰（叉腰）："孰为汝（右手食指伸出指向前方）多知乎（右手食指回首指向右边太阳穴）？"

在研究过程中，课题组总结出练习"连体舞"提升表达效果要"活用"——使用时分清场合，做到"一不二少三个多"：①庄重场合少用，随意亲切场合多用；②对上级、长辈讲话少用，对同辈、后辈讲话多用；③宣读式讲话不用，脱稿式讲话多用。

第五关："一字篇"让学生"精说"

即使说话声音好听了，富有感情了，还是有不少学生害怕在课堂上被老师提问，常常会出现哑口无言的尴尬场面。这就需要练习课题组研究提炼的适合小学生的"一字篇"的功夫了。

不论是当众回答问题，还是发表意见讲话，只要记住课题组提炼的"精说三招"（一"简"二"活"三"口诀"），就可以从容应对，成为课堂上发言的积极分子了。

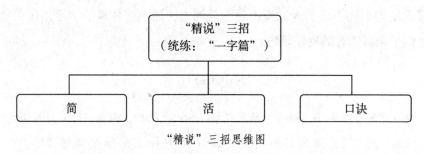

"精说"三招思维图

"简"，就是简单，发言讲话观点要简单。最好使用总起句开头，开宗明义表达观点。

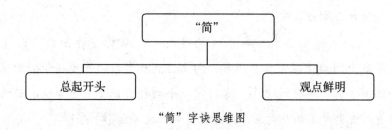

"简"字诀思维图

"活"，就是展开自己的观点时要有力，鲜活，有细节，会讲故事举例子。这个功夫要靠平时积累，要善于观察，多动手写日记。

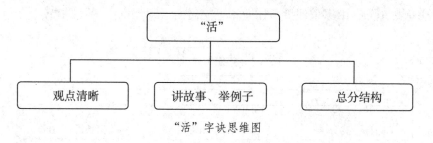

"活"字诀思维图

"口诀"，就是把自己要讲的几个观点进行排列，形成易记好懂的"口诀"，使人听后难忘。

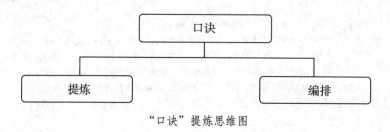

"口诀"提炼思维图

百川东到海，一"简"二"活"三"口诀"的训练，最后归源到"一字篇"的练习。"一字篇"是在原来的"一字悟""一字诀"（见《中期报告》）的基础上加以提炼的。课题组以实验班学生为对象，从每天写"见闻录"开始，学生养成在生活中发掘写作素材的能力后，我们升级到"一字篇"的练习——就是要求把日记式的"见闻录"进行抽丝剥茧，抓住一个点，引发自己的感悟，文字力求精简。最后过渡到不只是感悟方面的内容，所有看见的，引发思考的内容都尽量用一个字去表达，或描述，或引申，不拘一格。

具体做法是"看、写、读、背、说"，即要认真观察，把每天学习生活中的感受写下来，字数在50～100字，并概括成一个字（词）的观点作为日记的题目。写完后，读一读，背下来，对着镜子讲。天天思考，天天写，天天讲，很快就能做到随时随地讲话出口成章，头头是道。写"一字篇"作业，步骤在上面的五点做法基础上进行浓缩，有三步，即"写—读—说"。写下来以后，自己好好读熟，然后把自己写的内容以说话的形式说给家长听。我们建立由家长和教师组成的"二元评价主体"，设置的评价权重是写（30

分）—读（30分）—说（40分），而且强调说给家长听的时候，不需要把文稿给家长看，说的时候能够做到不断续，镇定、微笑，适当运用体态语。读和说总共70分，由家长评价；作业本上交后由老师评价"写"的30分。

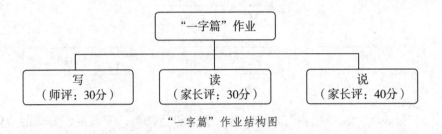

"一字篇"作业结构图

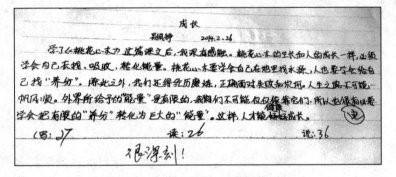

"一字篇"作业——吴佩铮

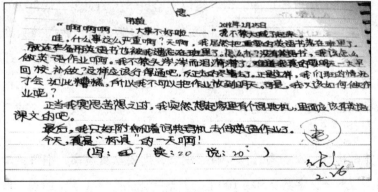

"一字篇"作业——陈莹

这样的训练一般经过一个多月，学生的口头表达能力都会有很大的提高，而且在观察能力以及观点的提炼等方面都有了相应的提高。在一节借班上课的公开课上，实验班的学生在上课教师的引导下，能够现场给文章续写结尾，出口成章，再次显示了这种融"经历—观察—提炼—书写—朗读—说话"于一体的学习模式是能够迅速提高小学生语文综合素养的学习模式。

除了课堂上的练习，课题组还设计了口才能力训练评价表，引导学生利用课余时间自己对照练习，高年级的学生及低年级的家长使用后反馈：指导性强。与此同时，课题组还组织了一系列的口才小达人活动，使学生的自学的兴趣始终保持高涨。

口才训练评价表

类型	具体内容	自评	他评
一、积极心态训练（20分）	1. 自我暗示：每天早上起来默念5遍"我一定要最大胆地发言，我一定要最大声地说话，我一定要拥有最自信的口才。我一定行！"（10分）		
	2. 想象训练：每天上学路上，用5分钟想象自己在公众场合成功地演讲的情景。（5分）		
	3. 微笑练习：每天午读前5分钟为集体练习时间，学习最自信的微笑。（5分）		
二、口才锻炼（60分）	1. 早操后第一节课前，跟随老师做5分钟深呼吸训练。（10分）		
	2. 每天至少与5个人交流学习、生活。（10分）		
	3. 每天大声朗诵或大声讲至少5分钟。（10分）		
	4. 每天训练自己"三分钟演讲"一次或"三分钟默讲"一次。（15分）		
	5. 每天给亲人、同学至少讲一个故事或完整叙述一件事情。（15分）		
三、辅助锻炼（20分）	1. 每天至少10分钟阅读励志书籍或口才书籍。（4分）		
	2. 每天放声大笑，乐观面对生活，放松情绪。（4分）		
	3. 坦然接受他人的注视，培养自信和观察能力。（4分）		
	4. 培养微笑的习惯，锻炼亲和力。（4分）		
	5. 每天总结得与失，写一句话的心得体会。每周全面总结，并确定下周的目标。（4分）		

学生学习成果《能写会说小达人》荣获江门市学生成果评比一等奖

案例《奇妙的语言世界》荣获广东省优秀案例一等奖，江门市优秀案例一等奖

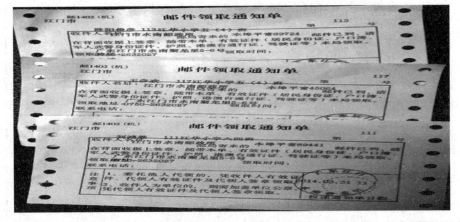

不断有实验班学生发表习作，学生习作热情高涨，这是同时到来的三张稿费单

（三）总结推广阶段（2015年7月——2015年11月）

经过将近两年的研究，课题组在这一阶段的重点工作是去粗流精：总结、提炼、推广课题研究成果。课题组通过数据对比，用数字说明课题研究对学生素质发展的促进作用：

数据对比一：

实验班学生近三年发表作品数量数据对比

（数据提供：档案室 林丽容）

年度　　　班级数	2013（实验前）	2014（实验第一年）	2015（实验第二年）
全校36个班	62	56	89
实验班9个	18	25	29
以上数据表明：实验班教师指导学生的作品发表数量连续三年呈上升态势：2014年发表量约占全校的50%；2015年带动到全校语文教师加入，发表数量大幅上升。（详细获奖情况见附件资料）　　　　　　　　　　　　　　　　　　（分析：黄佩华）			

数据对比二：

实验对象参加校级以上比赛（活动）人次的前后对照

（数据提供：教导处 郑晓霞）

年度　　　班级数	2013（实验前）	2014（实验第一年）	2015（实验第二年）
全校36个班	335	850	1100
实验班9个	103	420	480
备注：比赛（活动）包括广播站广播、国旗下的讲话、电视台小主持人、江门电台采访、各类学科竞赛、阅读比赛、读书比赛、校园十景小导游、校园十景导游词比赛等。以上数据表明：课题研究推动了校园文化活动的开展，大量的活动使实验班学生以及非实验班学生都得到了更多的锻炼发展的机会，学生的能力在活动中不断提升。　　　　　　　　　　　　　　　　　　　　　　（分析：周健华）			

数据对比三：

实验对象班集体朗读水平对照表

（数据提供：教导处 郑晓霞）

2014年7月			2015年7月		
班别	合计（100）	所在年级平均分	班别	合计（100）	所在年级平均分
一（5）	97	96.5	二（5）	98	97
一（6）	96		二（6）	97.5	
二（1）	95	95	三（1）	98	97
二（2）	96		三（2）	98	
三（3）	96	94	四（3）	98	96
四（5）	95	94	五（5）	98	95
五（4）	95	93	六（4）	97	94
五（2）	95		六（2）	97	94

评分标准：1. 精神面貌（25） 2. 正确（25） 3. 流利（25） 4. 有感情（25）

数据显示：实验第一年，实验班学生朗读水平基本高于或者持平于年级平均水平；实验两年后，实验班学生集体朗读水平均高于同年级的其他班级。重视口才能力训练的成果可见一斑。

（分析：吕子莹）

数据对比分析后，课题组有充分的信心去做好推广工作。我们采用"三级联动，统筹推进，分布推广"的策略，推广经过实践的行之有效的成果和做法。

1. 校内先行，推进行动第一级

"校内先行"作为推广行动第一级，课题组从"教师、学生、家长"三个层面推进。在教师层面，我们利用全校教师集中学习时间进行专题讲座，在市、区级大型专题研讨活动中上专题研讨课，在江华片、江华教育联盟组织的各类教研、比赛活动中展示专题特色课。以下为课题组人员中在课题研究期间所上示范课、比赛课的情况：

课题主持人执教的示范课有：口才文才专项训练示范课"推介校园美景"（在2014江门市新课程改革成果展示活动中面向五邑大市同行展示）、

执教《威尼斯的小艇》（在东莞市新课程成果展示活动中交流）。

课题组顾问丁必聪校长执教的作文示范课《一块砖头的启示》（在2014江门市新课程改革成果展示活动中面向五邑大市同行展示）。

成员戴淑娴老师执教的示范课有：《可贵的沉默》（到荷塘镇送教）、主题班会"我们学会了合作"（在广东省名班主任蒋青工作室跟岗中交流）。

吕子莹老师执教的比赛课有：《糖果发明家》（在蓬江区语文教师骨干教师比赛一等奖）、《丑小鸭》（获蓬江区青年教师阅读教学比赛一等奖）。

陈茜媛老师执教的省级比赛课有"奇妙的语言世界——采访篇"（获广东省综合实践活动录像课评比一等奖）。

陈丽欢老师在蓬江区教育科研示范学校科研成果展示暨教学开放日活动中执教《识字5》。

叶元元老师执教的示范课有《荷叶圆圆》（在2014江门市新课程改革成果展示活动中面向五邑大市同行展示）。

郑晓霞老师执教的作文比赛课《××我想对你说》（荣获2013年江门市小学语文习作教学录像课评比活动一等奖、荣获区2013年小学语文作文教学录像课评比一等奖）。

吴秀娟老师执教品德与生活课《去同学家玩》（在2014江门市新课程改革成果展示活动中交流）。

在每次的展示课之后，都有教育界同行非常感兴趣和我们做更进一步的沟通交流，课题组也获得杜阮、荷塘、棠下、环市等镇街的邀请，做送教和专题讲座活动。与此同时，我们组织口才文学高峰论坛，邀请口才界专家殷亚敏教授为来自五邑各地的教育界同行、每个班级的学生代表做专题训练和报告会，反响非常热烈。

此外，我们利用家长会、学校开放日以及每年一节的"英语文化节""读写文化节"活动，向广大家长展示我们融入高密度口才训练的特色课堂；利用广播站、国旗下的讲话、江华十景年度评选、炫动一夏我爱读书等大型活动，让教师、学生、家长都融入全语言训练氛围中，在玩中学，在学中做。我们的推广口号是："坚持三个'三'，口才人人赞"——坚持早读前3分钟专项练习（根据学生情况分阶段调整训练内容），坚持午读前3分钟专项练习

（根据学生情况分阶段调整训练内容），坚持每天练够30分钟（放学后的空余时间练习25分钟左右，自己根据教材进度练习）。

2. 校外同侪，推进行动第二级

借助我校的三大资源优势，课题组大力推进课题成果：一是在江华片（江华、启明、培英、杜阮中心校）教研活动中展示研究成果；二是在江华教育联盟（江华、荷塘联育、棠下天河、杜阮龙溪、杜阮叶蔼）的五校"联动"中展示研究成果，推广做法；三是在丁必聪校长工作室（入室校长学员来自棠下中心小学、紫沙小学、杜阮龙榜小学、北郊小学、东风小学、荷塘禾冈小学）和陈晓琼省级教师工作室（每学期一批约15人学员，来自全省各地）推广。有了这些"东风"，我们的课题成果从江华的"窗口"飞向四面八方，我们的研究成果也得到了很多同行的一致好评，他们认为好用、实用。

3. 走出社会，推进行动第三级

社会实用性是考验研究成果含金量的最好"试纸"，所以，课题组成员也经常作为义教员，参与各种社会组织的义教活动，回馈社会的同时也可以不断改进我们的研究成果。比如，课题主持人暑假到五邑图书馆，参加其组织的"暑期学堂"义教活动，给学生上口才文才专项课程。参加课程的学生来自五邑各地，有城市的也有农村的；有本区域的也有远至恩平鹤山珠海等地的。学生学得轻松快乐，旁听的家长纷纷对课题组编写的这套教材表示浓厚的兴趣，纷纷索要来自己指导孩子练习。课题组也到青少年宫、社区课堂等组织上义教课，惠及更多的民众。

成　效

一、课题研究的创新之处

旗帜鲜明地在小学阶段提出"口才文才并重"的语文教学宗旨，通过研究探索行之有效的小学生口才文才训练模式，以提升学生的口才为突破口，引发学生文才、性格等方面的良好转变，改变语文课堂"重写轻说"的现状，从小培养口才、文才兼备的国际化人才。

二、课题研究的应用价值

本课题研究可以很有针对性地给教师和学生甚至家长明确的训练指引，只需要每天做好"三个三"。

本课题研究可以填补国内从小学生的角度研究"双才"培养的空白，把《义务教育语文课程标准（2011年版）》中关于口语交际的各项指标进行细化和具体化，使口才文才的培养得到更好的落实。

本课题研究可以应用于日常的语文课堂教学，也可应用于学校校本课程开设，还可供家长指导孩子训练所用，高年级学生及成年人都可以借助教材自学成才。本课题研究把小学生的"双才"培养放在重要位置，探索与时俱进的人才培养模式，为我省打造教育强省、文化大省贡献力量。

三、课题研究成果

论文、论著

序号	题目	在何刊物发表（获奖层次）或在何级学术会上宣读	发表（获奖）时间	课题组成员及承担部分
1	科研成果《提升教师教学语言技能的研究》	2013年度广东省中小学教育创新成果奖三等奖	获奖：2013年12月	黄佩华 全部
2	科研成果著作ISBN 978-988-13308-2-6《小学生口才文才训练营》	编著，由中国文化出版社出版	出版时间：2014年12月	黄佩华（编著）
3	论文《综合实践活动"小成本"主题活动开发》	发表于《广东教育》2014年第1期（综合总第503期）第48～49页CN 44-1145/G4 ISSN 1005-1422	发表：2014年1月	黄佩华 全部
4	论文《推开"四重门"赶走"一言堂"》	发表于《语文学刊》2014年第5期第169～171页CN 15-1064/HISSN 1672-8610,	发表：2014年4月	黄佩华 全部
5	论文《活化写作素材解决源头活水》	发表于《课程教育研究》2014年第9期第128～129页CN 15-1362/G4 ISSN 2095-3089	发表：2014年9月	黄佩华 全部

续 表

序号	题目	在何刊物发表（获奖层次）或在何级学术会上宣读	发表（获奖）时间	课题组成员及承担部分
6	考察报告《把"花"种在"泥土"里——从台北国民小学看台湾小学阅读文化的推进》	发表于《广东教育》综合版2015年第4期（综合总第518期）C版块"交流"栏目第68～70页CN 44–1145/G4 ISSN 1005–1422	发表：2015年4月	黄佩华全部
7	论文《注入听说读写新元素，让口才与文才齐飞》	收录发表于《做最好的教育》一书，华南理工大学出版社，书号：ISBN 978–7–5623–4605–0。	发表：2015年4月	黄佩华全部
8	论文《"新官"上任的日子》	发表于《师道》情智版2015年第9期（新编第239期）"智慧纵横"栏目第39～40页CN 44–1299/G4 ISSN 1672–2655	发表：2015年9月	黄佩华全部
9	考察报告《文化融合之地与时俱进之港》	发表于《广东教育》综合版2015年第10期（综合总第774期）C版块"交流"栏目第68～69页CN 44–1145/G4 ISSN 1005–1422	发表：2015年10月	黄佩华全部
10	论文《笔尖上的童年》	在《课程教育研究》杂志上发表，国际标准刊号为ISSN 2095–3089，国内刊号为CN 15–1362/G4	发表：2014年10月	郑晓霞全部
11	论文《综合实践活动促进小学生语言表达能力发展的研究》	发表在《课程教育研究》期刊上CN 15–1362/G4	发表：2014年12月	周健华全部
12	论文《感恩的心》	发表在《课程教育研究》杂志上（刊号：CN 15–1362/G4）	发表：2014年11月	吴秀娟全部

序号	题目	在何刊物发表（获奖层次）或在何级学术会上宣读	发表（获奖）时间	课题组成员及承担部分
13	论文《注入听说读写新元素，让口才与文才齐飞》	获蓬江区年度论文评比一等奖，江门市年度论文评比二等奖，广东省教育学会论文评比一等奖	获奖：2013年3月	黄佩华全部
14	论文《推开"四重门"赶走"一言堂"》	获江门市年度论文评比二等奖。	获奖：2013年11月	黄佩华全部
15	读书报告《何妨吟啸且徐行》	获蓬江区教师读书心得比赛一等奖	获奖：2015年6月	黄佩华全部
16	论文《创新翻译训练让语文学习更有趣有效》	获蓬江区2015年度论文评选一等奖	获奖：2015年11月	黄佩华全部
17	论文《笔尖上的童年》	获区年度论文二等奖	获奖：2014年10月	郑晓霞全部
18	论文《援救魔鬼身边的天使》	获蓬江区未成年人思想道德建设论文评比二等奖	获奖：2015年5月	吕子莹全部
19	《让"光影"幻化成"文字"跳舞》	获江门市教育教学论文评比一等奖	获奖：2015年4月	吕子莹全部
20	《让"光影"幻化成"文字"跳舞》	获蓬江区教育教学论文评比一等奖	获奖：2014年10月	吕子莹全部
21	《老师就是奇迹》	获蓬江区读书心得评比一等奖	获奖：2014年10月	吕子莹全部
22	课例《奇妙的语言世界》	活动课例获区评比一等奖，广东省综合实践活动课例一等奖	获奖：2014年9月 获奖：2015年3月	周健华全部
23	学生成果《能说会道小达人》	获区评比一等奖，江门市综合实践活动学生成果评比一等奖	获奖：2015年9月 获奖：2015年11月	周健华黄佩华

公开课、示范课

序号	执教内容	交流范围	时间	课题组成员执教
1	执教《威尼斯的小艇》	东莞市寮步镇郝洁名师工作室送教	2014年5月	黄佩华
2	执教《推介校园美景》	江门市小学新课程课堂教学观摩交流（五邑大市）	2014年12月	黄佩华
3	执教《小学生口才文才训练营》	五邑图书馆"暑期学堂"义教活动，参加学习的学生来自省内省外，连家长近百人。	2015年7月	黄佩华
4	作文录像课《××我想对你说》	荣获区2013年小学语文作文教学录像课评比一等奖	2013年7月	郑晓霞
5	作文录像课《××我想对你说》	荣获2013年江门市小学语文习作教学录像课评比活动中一等奖	2014年1月	郑晓霞
6	执教《糖果发明家》	在蓬江区语文教师骨干培训班上交流	2014年10月11日	吕子莹
7	执教"画一画写一写"	在蓬江区教育科研成果展示中交流	2013年10月	吕子莹
8	执教《丑小鸭》	在蓬江区首届青年教师阅读教学比赛中，荣获一等奖	2014年3月	吕子莹
9	综合实践活动指导课"奇妙的语言世界——采访篇"	获广东省综合实践活动录像课优秀作品奖	2015年3月	陈茜媛
10	品德与生活课《去同学家玩》	江门市小学新课程课堂教学观摩交流（五邑大市）	2014年12月	吴秀娟
11	送教下乡课《可贵的沉默》	荷塘联育小学	2013年11月	戴淑娴
12	主题班会"我们学会了合作"	广东省名班主任蒋青工作室跟岗交流示范课	2015年11月	戴淑娴
13	执教《识字5》	在蓬江区第二期小学语文骨干教师培训班课堂教学比赛中获一等奖	2015年5月	陈丽欢

讲座活动

序号	讲座题目	交流范围	时间	主讲人
1	教师口才实战训练	江门市新课程成果展示交流大会	2014.12	殷亚敏
2	语文课上上语文	蓬江区语文骨干班开班仪式（300人）	2014.10	黄佩华
3	小学生口才与文才培养的有效途径	棠下镇语文教师（50人）	2015年10月	黄佩华
4	如何有效开展综合实践活动	蓬江区教育局教研室全区综合实践学科教师	2014年4月	周健华
5	如何撰写课例	蓬江区教育局教研室全区综合实践学科教师	2013年10月	周健华

四、成果输出

（1）2014年6月15日，举行"I am a singer! 首届江华小学英文歌唱大赛"，输出节目主持人熊宇凡、罗倩溪。

（2）2014年9月16日，口才班学员梁子奇、蒋励以江门电视台校外小记者身份，主持采访"台风知识知多少"专题节目，并在江门电视台播出。

（3）2014年6月13日，江华教育联盟东湖文艺会演，输出节目主持人区嘉琳、李洁莹，并输出由李明熹、杨子坤、黄妍妍、林颖芝、郭炫民、黄愉涵等学生演出的语言节目《怀橘三枚》。

（4）2014年6月27日，学生朗读背诵考查，前期各班共36名"朗读先锋官"的技术培训，由课题组提供。

（5）2014年6月26日，"城乡手拉手，共筑中国梦"江华教育联盟校际绘画交流活动中，输出小主持人和小讲解员黄愉涵、谭希桐、柯昕妍、谭雪瑜、李明、区嘉琳。

（6）2014年7月17日，江门电视台"五邑警视"专栏节目组录制安全专题节目，本课题组负责输出所有参与录制的小演员梁子奇、蒋励、张逸承、黄靖、区嘉琳、李俊宇。

（7）2014年9月16日，课题组"承包"学校红领巾广播站（开学即着手），组织全校学生开展广播站开头语、结束语征集活动。

（8）2014年9月17日，课题组联合语文科组举办学校千人书写大赛，由课题组策划、组织以及设计书写大赛三个年级段的试卷。

（9）2014年9月24日，课题组无缝对接教导处教学改革，承担"周三无作业日"项目的开发和开展工作，当天《导航》启用，突出口才训练活动。

（10）2014年9月24日，课题组特邀江门电视台知名主持人潘闯到我校举办《口才世界真奇妙》公益讲座活动，聆听讲座的学生380多人，涉及二至六年级。

（11）2014年9月27—29日，课题组协助教导处举办首届全国中小学作文教学大赛（校级赛），评委及作品点评工作由课题组负责。

（12）2014年9月30日，红领巾广播站开播一月后，反响热烈，《江门日报——青苹果》进行专题报道。

（13）2014年10—12月组织为期两个月的"江华十景"评选活动（含最佳介绍词及讲解员评选）。

（14）2014年10月8日，继口才文才训练营9月开兴趣班后，口才班精英班开始招生（第二课堂兴趣班），学生面试非常踊跃。

（15）2014年10月9日，课题组成员戴淑娴老师参加蓬江区班主任技能大赛，课题组成员作为培训导师全程跟进，获蓬江区一等奖好成绩。

（16）2014年10月17日，"周三无作业日"第一次全面使用调查反馈，学生、家长都非常支持，部分教师提出修改意见。

（17）2014年10月21日，"红领巾广播站"开播指导活动由到本校支教交流的陈呈主任负责，加快城乡技术的相互学习和交流，为下一步推广做好准备。

（18）2014年10月21日，课题组组织学生优秀作文评比，并在家长会上分班进行展示。

（19）2014年10月27日，课题组组织全校大型综合实践活动——"江华十景"评选，其中十景投票海选开启，后续有十景导游词、十景小导游等综合性活动训练学生口才文才。

（20）2014年12月8—11日，江门市小学新课程课堂教学观摩交流活动（五邑大市），师生的课堂表现均得到同行的好评，尤其是在口头表达方面，课题主持人执教大型课题交流课《推介校园美景》，课题组顾问丁必聪校长执教大型课题交流课"作文指导———一块红砖头"。与会人员来自五邑各地的同行和领导，共380人，反响非常热烈。此外，课题组吴秀娟、戴淑娴、陈丽欢、叶元元、周健华、陈茜媛老师均在此次大型活动中展示课题交流课。

（21）2014年12月9日，课题组盛邀殷亚敏教授登临江华教育论坛，面向全市教师做"教师魅力讲话训练"专题精彩演讲。与会人员有市、区级教育行政领导以及各校同行，参与人员超380人，反响非常热烈。

（22）2014年12月23日，课题组协助举办英语文化节，输出小主持人黄少刚、黄泳琪。

（23）2014年12月26日，课题组协助音乐科组举办翁彤个人钢琴演奏会，输出小主持人张煜东、郝怡然、郝一帆、谭雪瑜。

（24）2015年1月16日，"江华十景"征名活动结果公布且征集导游词工作开启。

（25）2015年1月17日，课题组组织"周三无作业日"优秀学员记录册展示活动。

（26）2015年3月11日，由课题组发起的"江华小学读写文化节"开锣，千人书写大赛初赛圆满结束。

（27）2015年3月13日，蓬江区特色学校推介会在我校举行，课题组研究成果《小学生口才文才训练营》以及活动花絮作为重要展示内容展出，获得与会嘉宾的高度关注。

（28）2015年3月23日，"江华读写文化节"———千人书写大赛决赛，活动圆满落幕。

（29）2015年3月24日，课题组邀请丁必聪校长在江华片教研活动———作文教学研讨会中做专题讲座。

（30）2015年3月30日，课题组配合政教处组织"江华读写文化节"———教师读书交流活动。

（31）2015年3月30日，课题组成员周健华、陈茜媛两位老师的三个作品［主题活动案例"奇妙的语言世界"、优秀论文《综合实践活动促进小学生语言表达能力发展的研究》、教学录像课例"奇妙的语言世界——采访篇（指导课）"］获省级教研院颁发的优秀成果奖。

（32）2015年3月31日，课题组组织江华片"朗读专题教研活动"，特邀区内名师陈葆康、刘斯岚老师上朗读教学指导课并进行"如何指导学生朗读"的专题讲座。

（33）2015年6月1日，课题组与图书馆联合举办"炫动一夏 我爱读书"学生作品展（前期举行活动）。

（34）2015年7月23日，课题主持人应邀到五邑图书馆为其公益活动"暑假学堂"上义工课，100多人聆听口才作文课。

（35）2015年10月15日，课题主持人应邀到棠下镇中心小学举行了以"小学生口才与文才培养的有效途径"为主题的讲座。棠下镇中心小学全体教职工及兄弟学校语文教师、中层干部近80人参加了专题讲座，效果良好。

五、存在的不足与努力方向

语文教学离不开语言和文字的教学。全球化时代已经到来，培养与时俱进的国际化人才是每一个教育人不可推卸的责任。围绕如何提升小学生口才文才，两年来课题组很努力地做了一些工作，但因研究团队成员自身的理论基础、文化底蕴尚不扎实，研究的意识和能力也有待进一步提高，所以在课题的研究上存在着许多需要继续钻研改进的地方，如经验做法比较零碎，如何将其加以提炼，提升为系统性的研究成果，需要课题组成员今后不断努力、探索。又如，限于经费和时间，本课题主要成果——《小学生口才文才训练营》虽然解决了一些实用性的问题，但还是显得比较单薄。又如，课题组成员的研究成果虽然不少，但是若能全部聚焦在一个点上，集中火力攻克难题，取得的成果会更大。又如，若有足够的培训经费支撑，以及在教学工作安排上能够协调出集中进修学习的时间，加大对课题组成员的专项培训，本课题组应可以取得更好的成果。但是，关键还是需要自身的主动学习，所以，所有的问题和不足，都是我们今后可以通过自身的努力主动去解决的。

同时，教育行政部门对学校、对学生的评价还更多地体现在笔试这一形式上，考卷中体现学生口才（口语交际）的权重比例极少，造成学生及家长均不足以重视口才的重要性。家长以及社会对传统考试的认同仍是阻碍学生口才培养的绊脚石。很多家长认识到口才的重要性，但是认识不到迫切性，认为口才是成年后才需要的技能，小学阶段还是分数重要。其实口才可以很大程度上影响学生的性格以及学习的热情。种种现象表明，课题研究除了要研究出行之有效的"教"和"学"的方式方法，还应着手努力去改变人们的观念，由上而下地改革我们的语文教学，但也不能等着由上而下才进行改革。作为教育工作者，在自己的本职岗位上，竭尽所能地为着一个目标——自发、自觉地培养国际化人才而努力。

📖 参考文献

[1] 张力.互联网+时代的学习者和师者将会做何改变 [J].山西电教，2015（4）.

[2] 方帆.我眼中的中美中学语文课的差异 [J/OL].教育专栏，2014-05-30.

[3] 斯大林.马克思主义与语言学问题 [M].北京：人民出版社，1960：20.

[4] 崔峦.求是·崇实·鼎新：崔峦小学语文教育文集 [M].北京：人民教育出版社，2005.

[5] 殷亚敏.21天掌握当众讲话诀窍 [M].北京：机械工业出版社，2010.

附件1：

"以学评教"课堂教学评价表
（广东省教育科研"十二五"规划2012年度研究项目：提升小学生口才与文才能力的研究课题编号2012YQJK100）

校名		班级		授课人		听课时间	
教学内容						评课人	
评价内容						得分（建议附简要文字点评）	
1. 在知识、能力、情感态度与价值观等方面符合课程标准的要求。（10分）							
2. 突破重点、难点，层次清晰。（10分）							
3. 合适的教学手段和教学媒体。（10分）							
4. 教师的提问能引起学生的思考。没有随意性的提问，没有引起学生集体起哄的低质量提问。（10分）							

评价内容	得分（建议附简要文字点评）
5. 教师有渗透对口才和文才能力方面的指导。（15分）	
6. 学生个人回答问题、朗读等的人数超过总人数1/3。（10分）	
7. 学生口头表达完整、清晰。（15分）	
8. 学生回答问题得到鼓励，质疑问难得到赞许。没有喝倒彩、起哄现象（10分）	
9. 课堂有适当的动笔练习。（10分）	
10. 总评意见：	总得分：_____

附件2：

口语能力检测内容

集体朗读能力检测内容：

一年级：70页，《小壁虎借尾巴》第1~3自然段

二年级：116页，《玲玲的画》第1~8自然段

三年级：53页，《和时间赛跑》第4、5自然段

四年级：100页，《乡下人家》第1自然段

五年级：68页，《再见了，亲人》第1自然段

六年级：102页，《跨越百年的美丽》第4自然段

个别检测：每班的6号

一年级：161页，《象鼻桥》第2自然段

二年级：154页，《一次有趣的观察》第2自然段

三年级：155页，《妙不可言的位置》第2自然段

四年级：174页，《可爱的草塘》第5自然段

五年级：186页，《维也纳生活圆舞曲》最后一段

六年级：165页，《琥珀》第2~6自然段

朗读评价标准：

（1）精神面貌（包括：坐姿、站姿端正，精神饱满，精力集中等）占25分。

（2）正确。做到不读错字、不添字、不重复、不颠倒字词，还要做到"三到"，即心到、眼到、口到，集中注意力，防止有口无心。占25分，每次语音错误扣1分，添字、漏读一个字扣1分。

（3）流利。不断读，不读破句。逗号和句号要读出区别来，叹号和问号要读出不同来。占25分，停顿、断句不当，每次扣1分。

（4）有感情。正确处理停顿、重音，运用适当的语调、速度和节奏。占25分，语速过快或过慢一次性扣2分；情感、技巧把握不够酌情扣分。

附件3：

小学生口才能力五项指标

（1）情绪饱满，自然得体。
（2）吐字清晰，语速适中。
（3）用词妥帖，会用比喻。
（4）重点突出，表达完整。
（5）善于聆听，对答如流。

附件4：

小学生口才能力五项指标评价方式

（1）前测，建立班级档案。

（2）测试卷的口语交际题以期中检测数据值为主要参考数据，结合平时单元测验卷。（专项研究：口语交际题的命题以及答题要求、技巧等）20%

（3）听课评价表中增设子项目。（专项研究：跟进各班级，合计约40节课的评价表情况做详细跟进分析。主要从学生发言方面、发言质量方面进行评价）30%

（4）巡堂检查表中增设子项目。（专项研究：跟进教导处日常巡堂检查记录，对各个班学生的口才情况做档案跟踪。主要从学生发言质量方面进行评价）10%

（5）每学期第15周后，学校组织专项检查。组织评估组到各个班级检测朗读水平，并随机抽样10%进行个别口语交际。（可结合古诗词的抽背工作进行口语交际，比如问："你这个学期学过的古诗词中最喜欢的是哪一首呢？

能给我说说吗？""你所知道的诗人作家有哪些？能给我介绍一下你最喜欢的一位吗？""你们老师教的哪首古诗词你最喜欢学？为什么呢？""最近你在看什么课外书呢？好看吗？""你愿意向我介绍一下江门的特产吗？""你愿意向我介绍一下江门的名人陈白沙先生吗？""如果我是一位从上海来的小学生，对江华小学很感兴趣，你会怎样跟我进一步沟通下去呢？"……）20%+20%

（6）完善班级档案。

以上（2）～（5）项数据总成绩为该班的整体口才水平，每学期依据总得分评出全校"最佳口才班"若干个，表彰教师。

附件5：

小学生口才能力五项指标具体训练方案

（1）开设校本课程。编写校本教材，每周开设校本课程。

（2）分年级举行活动，达到以赛促学的目的。（绕口令比赛、朗读比赛、辩论赛、讲故事比赛、小主持人大赛等）

（3）对比班口才训练方案：在一至五年级各选一个班级实施强化训练方案。

目标：锻炼最大胆地发言，锻炼最大声地说话，锻炼最流畅地演讲，锻炼最自信的口才。

自我激励誓言：我一定要最大胆地发言，我一定要最大声地说话，我一定要最流畅地演讲，我一定要拥有最自信的口才。

讲话时的一些技巧：

①讲话前，深吸一口气，平静心情，面带微笑，眼神交流一遍后，开始讲话。

②勇敢地讲出第一句话，声音大一点，速度慢一点，说短句，语句中间不打岔。

③当发现紧张卡壳时，停下来有意识地深吸一口气，然后随着吐气讲出来。

④如果表现不好，自我安慰："刚才怎么又紧张了？没关系，继续平稳地讲。"同时，用感觉和行动上的自信战胜恐惧。

⑤紧张时，可以做放松练习，深呼吸，或尽力握紧拳头，又迅速放松，连续10次。

附件6：

"连体舞"教材（选登）

学 弈

弈秋，通国之（竖起大拇指）善弈者也。（伸出双手，对外展开）使弈秋诲二人弈，其一人（双手叠放整齐）专心致志，（右手伸出食指指向右耳）惟弈秋之为听；一人虽听之，（伸展双臂做飞翔状）一心以为有鸿鹄将至，（双手作射箭动作）思援弓缴（zhuó）而射之。（伸出双手，掌心向上）虽与之俱学，（左手保持不变，右手变掌为拳）弗若之矣。（头微微右倾，右手食指指向太阳穴）为是其智弗若与？曰：（摇头，摆右手掌）非然也。

附件7：

最难绕口令

第一题：

老龙恼怒闹老农，

老农恼怒闹老龙。

农怒龙恼农更怒，

龙恼农怒龙怕农。

第二题：

牛郎恋刘娘，

刘娘恋牛郎。

牛郎年年念刘娘，

刘娘年年恋牛郎。

郎念娘来娘恋郎。

第三题：

七巷一个漆匠，西巷一个锡匠。

七巷漆匠用了西巷锡匠的锡，

西巷锡匠拿了七巷漆匠的漆，

七巷漆匠气西巷锡匠用了漆，

西巷锡匠讥七巷漆匠拿了锡。

第四题:

初级大声说20遍(红凤凰),

中级大声说20遍(粉红凤凰)。

第五题:

(1)初入江湖:化肥会挥发。

(2)小有名气:黑化肥发灰,灰化肥发黑。

(3)名动一方:黑化肥发灰会挥发,灰化肥挥发会发黑。

(4)天下闻名:黑化肥挥发发灰会花飞,灰化肥挥发发黑会飞花。

附件8:

集体朗读评分表

班别	1.精神面貌	2.正确	3.流利	4.有感情	合计

附件9:

个别朗读评分表(每班　　号)

班别	抽查学生	1.精神面貌	2.正确	3.流利	4.有感情	合计

"三·全语文"思辨篇——口才文才训练之思

用"扫视"朗读法解决"唱读"难题

作家迟子建曾说过："朗读可以最直接地品味到语言的美。朗读能够培养我们对文字的感情和写作的勇气。在朗读的过程中，我们渐渐喜欢上了文字，并且生发了要驾驭这些文字的欲望。"

朗读训练讲求方法，训练得法，学生爱读；训练不得法，虽读之，却只会令读的人生厌，听的人耳聒。朗读要怎样训练才能收到实效呢？

朗读有个人朗读、集体（小组）朗读等形式。推进朗读行动，我从指导集体朗读开始。集体朗读的好处是：既可以让学生从中获得开口读的勇气，又可以使训练面在单位时间内最大化。

"停顿、重音、语调、语速、语气、用声和节奏"是朗读的七个技巧，它们共同完成朗读的有声语言的再创造。其中，针对小学生朗读，可重点抓好"停顿""重音"两个技巧的指导。"停顿"过关则显整齐，"重音"掌握就见情感。

一、"停顿"过关显整齐

停顿，一般分语法停顿、强调停顿和结构停顿。集体朗读要做到"异口同声"，必须首先解决停顿的问题。

停顿指导一：从标点入手

集体朗读的指导，应侧重语法停顿的指导。先从指导标点符号的停顿时间入手：顿号停顿时间最短，逗号稍长，句号最长，段落之间比句号停顿时间又再长一点。

停顿指导二："句里断词"法

集体朗读时有一种现象：两个标点之间，学生读起来是一个个字的感觉，通俗地讲就是"唱读"。在解决"唱读"的问题上，我的做法是：先指导学生脑海中有"词"的概念，明白每一个句子都是由词语组成的，所以要读出一个个词的感觉。如"那纤巧的云朵多像星罗棋布的蘑菇"，在注视文本的同时，大脑中就要有"那/纤巧的云朵/多像/星罗棋布的蘑菇"这样的概念，读起来才会整齐。

要达到整齐的效果，可以专门让学生练习"句里断词"——出示几个句子，让学生尝试断开一个个词（词组），坚持下去，集体朗读时学生就能达到基本一致的"断词"能力。

停顿指导三："扫视"朗读法

解决"唱读"难题，还有一个"绝招"——"扫视"朗读，让学生都当"新闻报道员"。具体做法是：让学生接触文本时，快速扫视文本后收回视线转向聆听者（老师或同学），将所见文字朗读出来。要求朗读要连贯，尽量减少目光接触文本的次数和时间。

有关研究表明，人眼以每秒500度以上速度将视线从视野中一点飞转到另一点，而物体仍然清晰可辨。这种眼球的快速运动就是扫视。利用"扫视"的原理，通过减少学生目视文本的时间，借助朗读，增强大脑皮层对"扫视"结果的巩固，在短时间内将书面语言转化为口语。在日常口语交际中，人们说话时是不会有"唱读"现象的，用这个办法，在短时间内就能把学生的"唱读"毛病纠正过来，而且促进了学生书面语言与口头语言的互化与积累。

"扫视"朗读法的运用使优美的书面语言内化为学生的口头语言，让更多的学生爱上了朗读，爱上了写作；"扫视"朗读法让学生解放了眼睛，得以在朗读的同时观察聆听者的反应，验证声音的魅力，调整朗读的语气，引发对方的共鸣；"扫视"朗读法的运用可以帮助更多的学生寻找到朗读的真正乐趣。

二、"重音"掌握见情感

指导集体朗读的第二个技巧是"重音"。朗读中，有意识地突出最重要的字词叫重音。重音可分为语法重音、逻辑重音、感情重音。一般情况下，能处理好"重音"问题，基本上朗读就能读出感情了。

怎么找出"重音"呢？怎么能让所有的学生基本能不约而同地判断出句子中的"重音"呢？

重音指导一：找"眼睛"

我告诉学生：每个句子都有它的"眼睛"，你能找到它，并且能通过你的声音让听者感觉到它是"眼睛"，那么你就算会朗读了。一般短句的谓语、中心词的修饰语、有些代词、"把"字句的宾语、有些比喻词语等都可以当"眼睛"，还有那些能突出某些特殊的思想感情的词语也可以当"眼睛"。比如，"一条清澈见底的小溪，终年潺潺地环绕着村庄"中，"清澈见底""潺潺"这两个修饰词，就应当读"重音"。

重音指导二：找"弱音"

相对"重音"技巧，我还提出要注意处理"弱音"，以衬托"重音"。让非重音处于较低的声音之中，重音处于较高的声音中。凡是"的""地""着""了"等助词一般读"弱音"，要读得快而轻，如"纤巧的云朵"中，"的"要读得又轻又快，通过"弱中见重"，体现重音的效果。

集体朗读的材料除语文书外，还有同步阅读教材、品德与社会、综合实践活动等教科书，所有学生手头上共有的材料都可以挖掘出好多适合朗读的文段。语文书中，我们诵读名家名篇，也诵读单元导读、积累运用；同步阅读中，我们师生放声陶醉在一篇篇一段段一句句美文中；品德、实践中不乏精彩的叙述，我们也一一朗读。

课外的读物，如好的演说词，好的报刊言论，好的日记、书信，甚至好的理论书，我都通过投影、印发资料、上传班级博客等形式带领学生一起朗读。《读者》《格言》《意林》是我们的好友；杨红樱、曹文轩等儿童文学作家是我们班的"常客"。撒播朗读的"火种"，让学生爱上朗读。

放声朗读在语文教学中的运用

语文教学是一门有声的艺术，学语文就要朗读。新课程标准中明确指出，"阅读教学要重视朗读，要让学生充分读，在读中整体感知，在读中培养语感，在读中受到情感的熏陶"。宋代的朱熹如是说："凡读书须要读得字字响亮，不可牵强暗记，要多读数遍，自然上口，久远不忘。"现代作家夏丏尊和叶圣陶也说："朝夕诵读，读到后来，文字也自然通顺了，文章也自然了解了。"在语文教学中，朗读应成为一种最活跃、最直观、最经常的训练。从某种意义上说，学生的朗读水平在一定程度上代表着其语文能力。这在当前不少语文教师中已成为一种共识，但是，是不是主要让学生开口读就算是进行了朗读教学呢？怎样的朗读教学才是有效的？我在教学一线进行了长期的观察与实践，认为推广放声朗读是实施有效教学、有效朗读的可行途径。

一、放声朗读法的好处

放声朗读是朗读的一种形式，是要求学生放开嗓子，放开思想包袱，尽情把文字变成有声语言的一种朗读训练，是一种对培养学生语文素养极其有效的训练方式。

1. 放声朗读能抵抗疲劳，提高记诵效率

放声朗读能激活大脑皮层细胞，使大脑处于兴奋状态，使学生保持旺盛的精力。学习成绩好、表达能力强的学生都是放声朗读的典型。

2. 放声朗读有助于增加识字量

因为读不出字音，朗读就无法继续，这样就促使学生主动弄懂陌生字的读音，久而久之识字量自然会增加。

3. 放声朗读可以锻炼口才，形成语感

放声朗读是语感形成的必由之路。名篇佳作的音韵美、节奏美、气势美只有在放声朗读中才能感同身受，才能博采众长，最终内化为自己的语言。曾经风靡全国的"李阳疯狂英语"的成功就是很好的例证。

4. 放声朗读还可以锻炼胆量，改变性格

坚持放声朗读能使那些成绩不是很突出或者性格内向的学生习得口才，收获自信。放声朗读甚至可以改变一个学生内向的性格，更可以培养优秀的学习习惯，锻炼一个人的意志。

5. 放声朗读还能为阅读、写作打下坚实的基础

"读书百遍，其义自见"，阅读教学中关于字、词、句、段、篇的种种条分缕析，无不融汇在声声朗读之中。"熟读唐诗三百首，不会作诗也会吟"，学生在放声朗读中积累词汇，就如储备建高楼的砖瓦。在朗读中潜移默化地掌握写作上的中心表达、语言锤炼、布局谋篇、过渡衔接等技巧。

二、放声朗读的训练体系

放声朗读不是简单粗糙地一味大声地读，教师作为主导者，应该为有效的放声朗读训练创设条件与平台，形成有效的训练体系。

1. 热心做示范，点燃兴趣火

学生朗读时"羞于启齿"的现象越往高年级越普遍。"榜样的力量是无穷的"，教师带头示范放声朗读，会收到事半功倍的效果。如晨读时，教师在教材中或在课外读物中精选一段美文作为当天的晨读领读；又如，在课堂教学中，教师随堂放声朗读抑扬顿挫的句子。对于《为人民服务》《这片土地是神圣的》等脍炙人口的演讲名篇，教师更应该亲自放声朗读进行身教示范。教师朗读时的风采神韵，让学生真实地感受到语言的美丽，这比让学生聆听课件、录音的朗读更有效力。

2. 耐心扶"人才"，以点来带面

"以点带面"的朗读组织

意大利经济学家巴莱多发现的"二八"定律告诉我们，在任何一组东西中，总有20％占据着最重要的位置。在一个班级组织中，总会有一部分朗读能力比较强的学生。教师可以挑选这一部分学生，成立"以点带面"的朗读组织（可分为若干小组，也可以学生个人为单位）。在座位安排上，要把这批"精英"分配到各个学习小组中，基本保证每个学习小组最少有一个"朗读精英"。课堂上教师根据教材内容，面向全体学生进行朗读训练，同时重点扶持"朗读精英"，让他们在课堂上多"出镜"锻炼，尽早成才，尽早成为推动朗读的得力助手；课余，教师要给这批"精英"补足"养分"，要制订训练计划，要准备朗读材料，要有检查落实。训练目标是学生在刚接触文本后就能做到以下几点：

训练目标

序号	训练目标
1	能正确地朗读，发音清晰、响亮，不读错字，不丢字，不添字，不唱读
2	能自然、流利地朗读，朗读的速度接近平时说话的速度
3	能有感情地朗读，能读出不同的语调，读出词语之间、句子之间、段落之间的停顿，并注意轻重缓急

这批"精英"在课堂上可以发挥以点带面的作用：集体朗读时，他们是领头羊；个别朗读时，他们是示范者；朗读竞赛时，他们是对手追赶的目标。有组织有计划地推广行动，会在班集体中很快形成良好的朗读氛围，学生都会以朗读能力强为傲。

3. 精心选"读材"，步步要落实

选编入教材的文章都是文质兼美的佳作，都可作为放声朗读的"读材"。此外，在课余，根据不同年级学生的接受能力，我和同事共同选编了一套《朗读美文集》。这些选编的"读材"，根据学生的年龄特征逐年更换内容，增加难度。在教材的基础上补充这些"读材"，使得学生的朗读面更加广泛，朗读的兴趣更加浓厚。

4. 恒心伴朗读，人人可成才

推广放声朗读应坚持一个宗旨：立足课内，辐射课外。在朗读训练中要尽可能扩大训练空间，使之形成一体化的格局，构成完整的训练体系

（见下图）。

放声朗读训练体系

推广朗读行动，要充分调动学生朗读的积极性，开展多角度、多层次的语文课外活动，引导学生投入朗读实践，积极创设有利于朗读并能强化口语训练的氛围。要注意"读材"的提供方式，在"一费制"的背景下，学校、教师可以因地制宜，想方设法给学生提供高质量的"读材"。

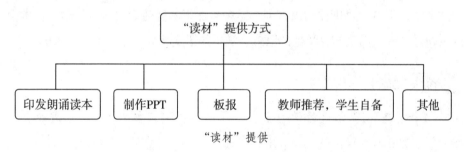

"读材"提供

以《格言》杂志的使用为例：《格言》杂志的卷首栏目"格言新说"是用于训练朗读的好素材。我向学生推荐这一刊物后，有部分学生会订阅；没有订阅的学生，我鼓励他们借阅；我有时也会将某一期中特别经典的文章，以印发、PPT讲稿、板报等形式向全班推广，并且引领全班围绕此素材进行朗读。

5. 有心做"建材"，搭台唱好戏

要让学生对朗读保持持久的兴趣与热情，就要让他们感受到朗读给他们带来的美好的改变，这些美好的改变如何具体化地让学生感知得到呢？一是通过教师的评价来体现，二是通过家长的评价来体现，三是通过在活动中获得良好的自我认同。

使学生对朗读保持持久兴趣的措施

保持兴趣的方式	具体的内容	渠道
教师评价	1. 对朗读水平的评价。 2. 对口语表达的水平的评价。 3. 对书面表达水平的评价	1. 课堂口头评价。 2. 作业书面评价。 3. 校讯通平台信息。 4. 检测评价
家长评价	对孩子每天的常规作业（讲故事、读新闻、说笑话）做出评价，反馈在作业本上	1. 口头评价。 2. 作业书面评价
各类活动	1. 班队会活动。 2. 每月举行朗诵比赛。 3. 参加广播站的播音活动。 4. 参加国旗下的讲话活动。 5. 家长会汇报表演等	1. 口头评价。 2. 印发奖状

概括地讲，没有朗读的语文课堂是残缺的课堂，没有朗读的语文教学是乏味的教学，没有放声朗读的语言训练是舍本逐末的徒劳。在语文教学上，学生的兴趣是"读"出来的，学生的语感、学生的语文素养也是"读"出来的。

📖 **参考文献**

［1］刘晓芸.以朗读教学为主线，提高学生阅读能力［J］.甘肃教育，2001（5）.

［2］张红丽.让"读"返璞归真 让"悟"真情流露［J］.宁夏教育，2006（6）.

［3］张芬英.语文味，首先在读里［J］.小学教学（语文版），2010（11）.

［4］崔利斯.朗读手册：大声为孩子读书吧［M］.沙永玲，麦奇美，麦倩宜，译.海口：南海出版公司，2009.

从《朗读者》到语文教学的文本历史性探索

电视节目《朗读者》大家看过吗？每一辑都会由主持人和朗读者进行近十分钟的互动对话，对话内容围绕个人成长、情感体验、背景故事展开，然后由朗读者朗读精选的传世佳作，听众对文字背后的价值因为有这一段互动对话而产生更加深刻的共鸣与体会。

受《朗读者》节目的启发，我对引导小学生解读文本历史性做了一些思考和探索。"文本的历史性"，是指一切文本都具有特定的文化性和社会性。可以从两个方面进行理解：任何文本一经产生就是历史的；文本不仅仅是语言表述的载体，也参与了历史的构成。

反观语文阅读教学现状，不少教师在教学中忽视对文本历史性的认识，课堂教学从文本中来，到文本中去，花了大力气只偏重知识与技能的目标落实。

我听过不少小学和中学的语文课，以下举一例。一位教师上《老王》一课，课堂上围绕杨绛和老王之间的描写，字字句句条分缕析，但学生多有隔靴搔痒、无动于衷的感觉；另一位教师同上《老王》，抓住文本中的几个时间点，切入大历史背景，整堂课即时提领而顿，百毛皆顺。

所以，深入解读文本，离不开探究文本的历史性。那么教师应如何指导学生自主探寻文本的历史性呢？我尝试了搭建课内、课外两个交流平台，让学生"穿越"时代、作品、作者、自我，立体落实三维目标。

一、引导学生自主探寻文本的历史性

结合小学生自学能力和自学意志都处于初级水平的现实，我整合"翻转课堂""高效课堂"等先进教学理念，以"预习思维图纸"和"积累笔记"两种方式，引导学生自主探寻文本的历史性。

1. 预习思维图纸

以下是我设计的预习思维图纸。

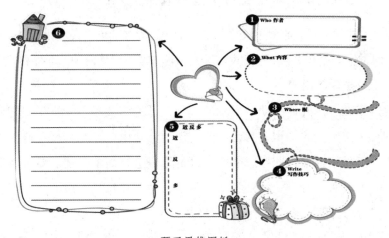

预习思维图纸

使用方式：开学初，发给每名学生一学期的用纸，约25张。"预习思维图"就是学生自主预习的脚手架，它相比"翻转课堂"所需要的富媒体技术环境更容易推广使用。学生在课前通过上网查找资料、翻阅书籍、调查访问等方式，把了解到的相关资料摘抄在思维图纸上。共分六项：①作者；②内容；③框架；④写作技巧；⑤近义词、反义词、多音字等积累；⑥好词佳句摘抄。其中，第一项"作者"，就是对文本历史性的自主学习。以《一夜的工作》为例，学生通过查阅资料，对何其芳，对周总理，对中华人民共和国初期国家建设方方面面的工作进行了解，就不难理解何以周总理工作的地方是"高大的宫殿式的建筑"，而办公"仅一桌一椅""数得清颗数的一小碟花生米"。

如果忽视了这一步，教师在课堂上就要大费唇舌多耗时间去讲这些学生完全可以自己习得的知识，既降低了课堂教学效益，又不能培养学生的自主学习能力。

2. 积累笔记

如果说"预习思维图纸"聚焦于一课一得，那么"积累笔记"则是一个散射的广角镜。我指导学生在"全语文"环境中进行积累，每人设一本"采蜜本"，积累好词佳句、写作素材，也积累一些历史大事件（简记即可：事件名称、主要人物、一句话概括事件）。黄仁宇先生的《万历十五年》，余秋雨先生的《中国文化必修课》等系列课程、著作，知名公众号李不太白的系列文章，无一不彰显要把文学作品放在大历史视野下阅读的价值。

二、灵活安排文本历史性的呈现和交流方式

学生自主预习所搜集到的文本历史性知识，教师须创设渠道让其进行交流展示，从而发生生生互学的"化学反应"。呈现方式可安排两种：课外和课中。

1. 课外呈现与交流

教师在教室内开辟一面"展示墙"，以课题为展示单元，学生把调查搜集到的相关文本历史知识、自己产生的感受，自由张贴在"展示墙"上。要求学生不能简单地照抄照搬，要用自己的语言进行简单表述。对展示资料的学生，一人一次一分，统计到学习小组组长处，在每月一次的"业绩奖"中表彰其"劳动价值"。

教师还可以指导学生在喜马拉雅平台创建自己的"留声吧"——创建主

播平台，以朗读的方式把搜集整理的资料上传到网站，班内师生相互关注，鼓励学生相互评论。

此外，还可以借助微信群、QQ群和讯飞输入法等软件工具，组织学生将整理好的资料进行语音或者文字的呈现和交流。

以上课外渠道的交流方式，教师可根据实际选用一种或者多种结合，调整使用，保持学生的学习热情。

2. 课内呈现与交流

文本历史性知识在课内的呈现交流，一般安排3～5分钟即可，分独立呈现和合作呈现两种方式。独立呈现的一般做法是：学生口头陈述，或结合自己制作的PPT进行陈述。合作呈现的一般做法是：小组成员在课前进行合作以后，在课堂上以演绎、采访、PPT讲授等方式进行呈现和交流。

教师做好课堂活动的组织者，主导各个环节，关注学情，及时做出中肯的评价和补充。这样既培养了学生自主学习的能力，又培养了学生良好的文本细读的习惯——对文本历史性进行探究，更提高了课堂教学效益。

参考文献

［1］李宏图.作者、文本与历史性阐释：基于思想史研究的一种理解［J］.历史研究，2018（1）.

［2］汪小玲."文本的历史性"和"历史的文本性"：以《五号屠场》中"德累斯顿大屠杀"为例［J］.浙江万里学院学报，2007，20（4）：15–17.

［3］蔡欢欢，段作章.翻转课堂课前教师任务分析［J］.教学与管理，2016（2）：77–79.

［4］李伟.翻转课堂模式下语文课堂教学设计与教师角色转变［J］.中小学教师培训，2016（2）：60–64.

创新翻译训练让语文学习更有趣有效

"语文课程应引导学生丰富语言的积累，培养语感，发展思维，使他们具有适应实际需要的识字写字能力、阅读能力、写作能力、口语交际能力。"在提高学生各种语文能力的教学方式方法中，有没有让学生的学习生活变得有趣有效的教与学的方式呢？在长期一线教学探索中，我研发了一种有趣有效的语文学习方式——创新翻译训练。

翻译训练不仅能激发学生的学习兴趣、提高学生的阅读能力，更有利于提高学生的写作能力。学生在对经典作品进行翻译时，往往会在班里引发一轮"阅读潮"。教师可以翻译训练为钥匙，打开学生阅读兴趣之门。正如"在游泳中学会游泳"一样，只有让学生"在阅读中才能真正提高阅读的水平"。翻译的面越广，阅读的面就越广，阅读能力就越强。

另外，在翻译训练中，学生的写作能力随着对文字的编排使用、创新表达、古文新译等的运用，得到有别于传统写作训练的成效。首先，在主题上得到解放。教师选择主题鲜明且富有意义的原作品，如《道边苦李》《杨氏之子》等。学生习得提炼主题的方法，通过改动主题、升华主题，学会提炼中心，表达主题。其次，翻译时，斟酌用词的过程对提高准确使用文字有很大的帮助，学生在推敲用词方面更为认真。如在《两小儿辩日》的翻译训练中，"孰为汝多知乎？"一句的翻译，学生一人就能提出几个版本参与讨论："谁说你的知识多呢？""谁说你知识丰富呢？""谁说你的知识渊博呢？""谁说你是个多智慧的人呢？""谁说你是个智者呢？"……

一、取材"中古今外"——翻译训练"二重奏"

既然翻译训练多能并举，那么教师应如何对学生进行翻译训练呢？主要是取材"中古今外"，形成翻译训练"二重奏"。

语文翻译训练应直接指向"加强理解"与"促进表达"。在训练内容的选择上，教师通过建立起大语文观，跳出教科书的局限，积极发掘、生成课程资源。这里的"二重奏"，指在中、外两个文化层面上组建练习资源库。

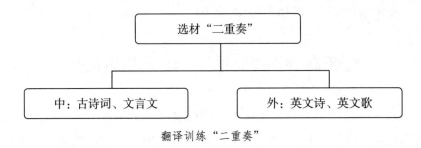

翻译训练"二重奏"

第一重——古诗词与文言文

小学语文教材收录的古诗词和文言文，如《杨氏之子》《伯牙绝弦》《学弈》《两小儿辩日》四篇文言文，还有教材的古诗词，都可以作为主要的翻译资源。以此类素材开展练习，既能加深学生对作品的理解，又能促进学生背记和运用。此外，还可以分写景、叙事、说理几大类进行有重点的翻译训练指导。如《山行》这类写景诗，《回乡偶书》这类叙事诗，《题西林壁》这类融理于景的说理诗，都是很好的素材。

第二重——英文小诗与英文歌曲

在小学阶段进行英译中的翻译练习，应遵从"短、易、潮"三字原则，即作品篇幅要"短"，作品内容要"易"，作品主题要"潮"。学生从三年级开始正式接触英语课程，即使进入小学高年级，词汇量也是有限的，所以选择练习的外文作品内容不宜过难过长，且应选择与学生生活息息相关的主题内容。

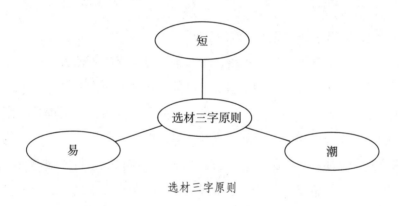

选材三字原则

二、编译、意译、直译——翻译训练"三部曲"

翻译训练"金字塔"

第一部：直译——宜向直中取，慢向曲中求

翻译练习宜从直译开始，也宜从古诗词起步。直译，就是照字译字，把

古代的作品用现代语言再表达一次。如《静夜思》的直译，有学生这样写：床前洒满月光，怀疑是地上的霜。抬头望着明月，低下头来想起故乡。这样的直译，学生已基本理解诗句的意思，教师可指导学生加上原诗中没有出现的人物，让翻译更加完整。

第二部：意译——"此中有真意，欲辨已忘言"

"意译"阶段，是学生能够在别人的作品与自己的语言之间进出自如的阶段，是取其意而译的阶段。这个阶段的练习最让学生兴奋，各人词汇库中积攒的好词好句都被主动地搬出来了。《春晓》有学生这样翻译：春天是一个不会失眠的季节，我总是甜甜睡去一觉到了天亮，眼睛都还没有睁开，耳边已经听到吊叽叽喳喳的鸟儿在鸣叫。忽然想起昨晚好像听到有风雨的声音，那些花朵一定落了不少。这样的翻译就是二度创作，学生用自己的语言遵循古诗作者的意境，重新表述，每个人的版本都有自己的特点，所以，学生学习兴致很高。

第三部：编译——"青出于蓝胜于蓝"

译，始终离不开原作者的思路；编，则可走向青出于蓝胜于蓝的可能。编译是在基于原作的基础上尝试偏离、延伸、逆转原作的一种练习手段，是走向真正写作的训练。原作的作用是启发，是原点；编译的过程是创作，是生发。设计这个训练梯度，是基于小学生有限的生活经历，让他们在他人作品的基础上大胆加入自己的构想，通过"理解—解构—重构—编译"，使写作不再被动（他们急于要表达自己世界里的另一个作品形式）。如《伯牙绝弦》的编译，课前学生搜集背景资料，对这段旷世奇缘有所认识。开始编译后，不少学生加入了伯牙未遇子期前的孤芳寂寞，有的学生在伯牙摔琴这一部分"偷取"《梁山伯与祝英台》中"化蝶"这一节的桥段，另作新篇。学生在创作中，在交流相互的作品中，在老师与同伴的肯定中，兴趣、热情与表达能力齐升。

概括地讲，创新翻译训练在小学语文教学中，是提高学生表达能力的有效训练方式。

📖 参考文献

李文奎.皮亚杰《教育科学与儿童心理学》［J］.山东师范大学学报（人文社会科学版），1985（6）.

课堂师生对话做到"两多"

关于课堂师生对话，可以一直追溯到苏格拉底的"问答法"。教师如何问，问什么，学生如何说，说什么，是一个师生互动的形式，学生和教师在课堂上通过对话进行学习，是最直接也是最常用的教学方式。它快捷、直接、高效，深受一线教师的喜爱。但很多教师苦恼于学生不愿意说。如何让学生积极主动地说呢？我在实际教学中做了一些尝试，收到了实效，主要的做法是"两多"——多创造机会、多表扬。

一、多创造机会

让每一个学生都有说话的机会，有常规性的发言练习，也有课堂上形式多样的组织方式。让学生根据教师定的话题发言，也可以让他们自定发言的内容；可以由教师安排发言的对象，也可以让他们自由选择谈话的对象。

如安排每天课前一分钟谈话，谈话内容开始可以由教师定，逐步可以过渡到由学生自由谈。谈话的方式开始可以是先听教师谈，然后是学生参与谈，再过渡到学生自定谈话对象和谈话内容，可以找老师谈，可以找好朋友谈，可以和同桌谈，等等。例如，一天早读，我根据巡堂情况，发现学生比以往表现自觉了，于是就以此为话题，我先说："今天，我像往常一样来参加同学们的早读，还没走近教室，我就想：唉，今天肯定不知又有多少人迟到了，这班小鬼什么时候才懂得珍惜时间呢？可是，当我走近教室大门一看，眼前的景象让我大吃一惊……"到底我看见什么了呢？我没说下去，而是让学生接着说。学生的表现非常踊跃，发言积极。课后，不少学生还写下了《我们的改变》等日记。

要发挥课堂上师生对话互动的积极性，我认为教师还要根据班级学生组织进行灵活的处理：竞争型的学生组织，教师在提出问题后，可以用"谁能说？""还有谁可以说得更好？"等话语来刺激学生的互动欲望；团结型的学生组织，则用"谁来帮帮老师这个忙？""谁来一起解决这个问题？"等话语；内向型的学生组织，就要注意保护他们的自尊心，同时教师在谈话对象的选择上要有一定的指向性，可以用"我想请某某同学来帮帮我""我想某某同学也一定愿意帮这个忙的""我想大家应该都希望由某某同学代表大家说说看法"等话语；沉闷型的学生组织，可以用"风暴法"——"我认为你来说这个话题是最合适的了""你一定可以说得更好"等单刀直入的方式。

师生对话互动还需要扩大对话面，仅是几个"尖子生"和教师之间的对话不算是成功的师生互动，每一个学生都需要在课堂中得到锻炼的机会。所以，教师就要创设各种环境让每一个学生都有说话机会。以小组为基本的组织单位，一般情况下由个人自由发言，为了让每一个学生都有发言锻炼的机会，可以请小组派出代表发言，让每个组员都有发言的机会。这样，轮到后进学生发言时，因为事先小组成员已经对他（她）进行帮助，所以一般都能顺利完成任务。

二、多表扬

提高学生谈话发言的积极性，还要使用"多表扬"的方法。我的原则是：不管发言质量如何，敢于当众说出自己的看法，已经是成功的第一步。此外，为减轻学生的心理压力，我利用了小组的群体作用。一般后进生都是由小组指派出来发言的，我对他们的鼓励是："说好了，是你自己的成功；说砸了，是组员的失败。"学生发言不理想时，可能会引起一些同学的讪笑，教师此时要注意及时保护发言学生的自尊心，及时制止讪笑的行为，因为这往往就是打击学生发言积极性的根源所在。教师可以幽默地说："噢，当年牛顿读小学时，他的同学好像也是这样笑他的。"

保护学生的自尊心，激发他们谈话的积极性，让学生学会表达，在课堂上实现师生语言互动，思维互动。

增强课堂师生互动的常用策略

现代教学论指出，教学过程是师生交往、积极互动、共同发展的过程。然而实际中，不少教师还抱有这样的观念：上课就是不折不扣执行教案的过程，教材就是教学的"圣经"，教学活动是教师主导的独角戏，而且主要是完成知识传授而不需顾及学生情感的独角戏。

新课程标准下的理想课堂应是师生互动、心灵对话的舞台。在实际教学中如何发挥师生互动作用，建立理想的课堂教学？我做了一些尝试，归纳为八个字，就是"找、说、辩、演、诵、写、考、评"。其中"说"在上文已经提到过了（"两多"师生对话），就不再提及，剩下的七字这里继续介绍。

找，就是让学生查找学习资料。通过让学生查找资料，使学生"动"起来，在"找"中习得能力。首先把重点放在"是否去找"上，然后过渡到"是否会找"。其次，教师还要指导学生正确有效地使用资料进行自学，明确搜集资料的目的。如在教学《卖火柴的小女孩》一文时，学生提供他们搜集到的资料，我从写作背景、作者背景方面加以引导，学生再学习课文时，很快就可以感悟到安徒生在童话中所要表达的情感。

辩，也是说的一种，但是比起说来，要求更高。学生在准备辩论阶段学会学习，在辩论过程中得到锻炼。如给文章的分段、分层等，可以针对不同的分法组织学生进行辩论；一些争议性比较大问题，也可以当场组织学生进行辩论，不必马上确定结果，重在学生对于问题的辩证认识过程。如学习《詹天佑》一文时，学生对与中部凿井法有异议，他们认为，中部的定义是不是就是隧道的正中？如果能多打几个竖井，进度不是更快？于是他们画示意图辩论，他们列举生活中的例子做论据，课外还主动做剪报，终于把问题解决了。教与学的过程是不断拓展的，教师、学生围绕一个个问题互动起来了，教学才能成为真正有意义的事情。

演，即对于一些情节有吸引力，易于表演的课文，对于学生有能力通过自己摸索、演绎领悟的课文，我放手让学生演练。如处理《奴隶英雄》和古文《郑人买履》一文，学生在自学自悟课文后以小组为单位演绎课文，在文本的基础上发挥自己的想象力，对人物的语言、动作加以大胆的艺术再创作。对于这样一类课文，教师可以放手让学生演一演，相信学生，相信互动的课堂更精彩。

诵，则比较简单。诵，是对于一些语言优美，读来琅琅上口的诗歌散文，采用以诵为主的互动形式。如在教学《菩萨蛮·大柏地》时，我组织学生开展毛泽东诗词朗诵会。

考，指由学生自己出题考自己，由被动变为主动，训练学生提出问题和尝试解决问题的能力。如在教学《真实的高度》一文时，因为是积累运用中的阅读文章，是验证前一阶段的学习效果的，于是我放手让学生自己出题考自己。结果，学生在课后两道思考题的基础上，能从字、词、句、段甚至文章的思想等方面提出问题——"终于"说明什么？联系上下文说说"迥然不同、名不见经传"的意思。"坐在肩头上摘苹果"是什么意思？这句话是照应前文哪句话说的？等等。他们提出的问题很全面，获得了很好的效果。

写，同样也可以成为一种很好的互动形式，是一种文本与作者之间发生的互动。在教学一些行文结构比较典型的文章时，可以当场让学生互动一下——仿写片段的练习。如在《世纪宝鼎》一文的教学中，在介绍宝鼎的样子一部分时，我让学生观察一个矿泉水瓶，仿照文章的介绍方法，把它写下来。课后，我们还开展了一项"搜集汽车、房地产广告词"的活动，让学生试着为一件自己心爱的物品写一份广告词。

评，就是评价。以往很多人认为评价是教师的事情，其实评价也可以由学生做主角。评什么呢？可以评同学的发言，评老师的发言；评同学的书写，评老师的书写；评同学的作业，评老师的范文；等等。一切教学中涉及的内容都可以作为评的内容。评价的方式有：自评、他评、组评、师评。如在作文的评价方面，我实施了这样的改革：师生根据本次写作要求，共同制订评分标准；根据评分标准，全班共同对两篇习作（一好一差）进行评价；学生根据评价标准对同学的文章进行评价；各人对自己的文章进行第二轮评价；最后由老师对学生的文章进行评价。经过多轮互动评价，学生对自己的文章存在的缺点有了深入的认识，这时，再让学生进行第二轮写作，作文的质量均得到了提高。

让教师、学生在课堂上真正"动"起来，使教学过程成为探求知识的过程，才是变革学生学习方式的行之有效的做法。

注入听说读写新元素　让口才与文才齐飞

随着社会的发展，人们的文化视野、交际视野越来越广阔，口才成为现代社会衡量人才的重要指标。美国成功学大师卡耐基说过："一个人的成功，15%是靠他的专业知识技能，85%是靠他的口才交际能力。"在个人成长过程中，口才可以帮助其展现自我能力；对集体来说，口才是润滑剂，可以让大家笑声不断，也可以化解小纷争。

文才是指人们通过写作诗文的方式表达自己见解、感情的才能。通过文字来传递信息，是口才的基础。在生活和工作中，文才与口才同样重要，首先，书面交流是正式的、法律认可的方式；其次，书面交流让人有更充分的准备，比较严谨。在工作和生活中涉及的重要问题，都采用书面形式传递和保存。

文才和口才是相辅相成的，没有文才，口才就是无源之水，无本之木。口才是认识的表达能力，文才是认识的思想能力，文才与口才由于使用场合不同，发挥着不同的效果，都具有重要的意义。因此，能够训练小学生口才与文才的读、写、说综合能力训练应该得到充分的重视。

一、开展"三读一评"活动，为口才与文才打下扎实的基础

无论是对于口才还是文才的培养，"读"的能力培养都是开启各种语文能力训练的开端。

1. 听读结合——培养学生语感的最简单有效的途径

"朗读是让孩子喜欢的阅读的好方法"（曹文轩语）。培养学生的朗读能力，是使学生获得良好语感的最简单、最有效的途径。我通过大量的实践，走听读结合的路线，让学生把聆听优秀朗诵作品作为常规作业，并总结出一套"扫视"朗读法的训练方法：让学生接触文本时，快速扫视文本后收回视线转向聆听者（老师或同学），将所见文字通过回忆朗读出来。这种方法很好地解决了学生"唱读"的问题。此外，还通过指导朗读技巧、组织朗诵欣赏会、开展朗读朗诵比赛等方式，对学生进行持之以恒的朗读训练，锻炼了学生将文字转化为声音的表达演绎能力。通过听读结合，培养了学生良好的语感。

2. 大量阅读——加大阅读量的内存，拓宽学生视野，使学生习得表达技巧

学富五车的国学大师季羡林老人是极力主张青少年儿童多看书的，而且主张多看"闲书"。文学家鲁迅也讲过，要把文章写好，最可靠的还是要多看书。在实践中，我每周安排两节连堂课为阅读课，学生在这两节课中得以自由地阅读优秀的课外读物。同时我还组织了读书交流活动，有精彩情节演绎，有故事新编，有创编续写，有人物评价，等等，结合阅读培养学生积累好词佳句的习惯。大量的阅读最终能引发质变，学生在阅读活动中畅游书

海，在潜移默化中习得各种不同风格的表达技巧和创作精神。

3. 重视范读——零距离感受文字与声音完美结合的艺术效果

教师高水平的示范朗读能使学生最直接地感受到朗读是一种艺术行为。时而铿锵有力，时而低回婉转的声音就发自自己的老师之口，这对于学生来说，是最有说服力和感染力的教学。因此，教师一定要重视自身朗读水平的提高。教师要主动范读精彩的文段、经典的故事等，做到每天和学生一起读，每天给学生读。

4. 有效评价——激发并保持"读"的兴趣

有效的评价是激发和保持学生兴趣的重要途径。在推广阅读朗读活动中，我设计了常规朗读、阅读作业，学生每天都做，和吃饭睡觉一样。然后填写反馈表，一周汇总一次，进行评价表彰，并且让表现好、进步大的学生进行当场朗诵，介绍读物，交流感悟等。为确保效果，我努力争得家长的支持，每学期初发放《给家长的一封信》，让家长清晰地认识到"听和读"的重要性，并配合我开展工作。每学期评选优秀的"读之路"积极分子，颁发奖状和给家长写表扬信。通过种种形式，学生的朗读和阅读兴趣旺盛而持久。

通过"三读一评"，学生能够练就良好的语感，习得丰富的语言，贮备众多表达技巧，为培养良好的口才与文才打下了扎实的基础。

二、活化写作素材，为文才培养注入鲜活元素

学生的作文语言枯燥，题材乏善可陈，鲜见创新之作，究其原因就是缺乏一双会发现的眼睛。我在教学中通过"活化素材"，为学生的习作训练注入众多鲜活的元素，循序渐进，使学生有事可言，有事能言，有事乐言。

1. 注入游戏、小品+视频元素，使学生有事可言，有物可写

学生的习作训练一旦解决了素材问题，学生就有事可言，有物可写了。我通过开发各种游戏，指导学生观察游戏中人物的各种表现，指导学生从"外、语、动、神、心"（外貌、语言、动作、神态、心理活动）五方面对人物进行细节描写，从游戏中感悟人生道理，这些都是学生非常喜欢的方式。比如，我在和学生玩"有趣的数字游戏"时，就是通过看数字猜谜语的方式，组织学生玩游戏，游戏之后进行愉快的交流谈话，我结合写作进行点

拨，学生下笔就能洋洋洒洒写出高质量的习作。

此外，"小品+视频"的新作文元素，也是深受学生欢迎的方式。为了发掘写作的素材，我留心观察学生的学习生活，把他们的经历编成一个个小故事，然后选小演员在课间排演成小品，用数码相机拍成视频文件，放在作文训练课上使用，大受学生欢迎。使用视频的好处是，表演的学生可以有更充分的准备，课堂上可以根据实际情况反复观看，可以截取画面，可以随意跳跃观看，更可以避免在表演过程中出现的"笑场"现象，使课堂秩序井然。而且使用数码相机拍成视频文件放到电脑上使用非常方便。如在上"如何让人物'活'起来"这个专项作文指导课时，我就使用了自编的小品《比成绩》的视频，因为取材于学生真实的生活，演员就是自己身边的同学，有老师的点拨，加上根据不同的要求对视频进行反复观看，学生写起文章来得心应手，在40分钟内，能写出如《强中自有强中手》《在竞争中进步》《比成绩比心态》等优秀作文。

2. 注入影视作品元素，使学生有事能言，有物能表

电视电影已经成为现代人不可或缺的文化娱乐项目，我在作文训练中通过注入影视作品以及生活事件元素，使学生有事能言，有物能表。我起指导取舍，帮助建立提纲的作用。通过截取经典影视剧的片段，让学生写成文稿；让学生阅读经典文学作品，然后观看该作品的影视剧。开始阶段截取的片段宜精宜短，以场面描写为主，然后逐渐过渡到有一定的情节、跨度，最后可以进行整部作品的赏析、比对。可以让学生先看剧后写作，再对比阅读文学作品；可以先阅读文学作品，后对比欣赏影视剧作，然后组织交流。交流可以围绕人物形象的塑造、情节的编排、细节的处理等进行。我国古典四大文学名著均已排成电视剧，还有的章节排成了电影，这些素材都可以纳入我们的写作训练。比如，在学习《圆明园的毁灭》一文时，我就通过让学生欣赏电影《火烧圆明园》，并且回看"烧园"的片段，让学生对两种文学形式进行比对，打通文字与影像的天地线，让两种艺术形式共同陶冶学生。

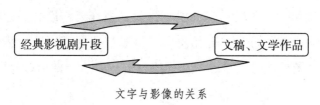

文字与影像的关系

3. 注入"辣评"元素，使学生有事乐言，有物乐表

当下很多选秀节目中，吸引观众眼球的除了台上的选手，还有一位位性格各异的嘉宾评委。他们的"辣评"让节目分外生色。在文才训练中，我注入"辣评"元素，有画龙点睛式的旁批，有意犹未尽的续语，有点到即止的提醒，有当头棒喝的警示，有激情洋溢的赞美……我还选取学生作品中的"金句"与我的"辣评"并肩立于"一周精品展示墙"上。我挑选有一定文化水平和兴趣，愿意义务为班级服务的家长组成"辣评"嘉宾团，每月汇总优秀作品和进步作品，由嘉宾团给予二次"辣评"，我回收后再次"上墙展示"。我每学期编撰"金句集"和"佳作篇"成小册子，通过家长QQ群上传电子文档与所有家长、学生共享、同乐。通过学习赏析，以评促教，使学生保持有事乐言，有物乐表的兴趣。

三、搭建语言大舞台，为口才培养释放多彩空间

我们每天都在用语言进行交流，但是只有有目的的口才训练，才能切实培养学生的口才。除了用好教材中的"口语交流"，还要注意搭建语言训练大舞台，做到动口说话之时，即是口才练习之际。

1. 重视形态训练

我鼓励学生每天朗读时面对镜子，学习微笑，并展示自己的手势及形态；培养微笑的习惯，锻炼亲和力；训练接受他人的视线、目光，培养自信心和观察能力。

2. 注重培养学生的话题意识

我要求学生把平时看电视、看报纸、看杂志、看书、交谈等活动中了解到的趣事、要事、重要观念、好句子等随手记下来或剪贴下来。每天的语文课预备铃响后的三分钟，是"话题热点"时间，学生按照学号每次两人在全班同学面前发表自己的话题见解。我和学生对发言同学及时给予点评，以鼓励性点评为主，每周评选"一周话题王"。没有发表言论的学生，要求做到"当天见，当天说"，就是把当天积累的话题在课余时间和同学、家人交流、分享。开始阶段先试着把事情说完整，然后过渡到把事情说具体，最后能融入自己个性化语言进行表达，做到形象生动。

3. 注重幽默感的培养

幽默感的培养对于口才锻炼也很有用。我经常在课堂上穿插一些幽默小故事，也会经常突击让学生讲幽默笑话，这些时候一些平时富有幽默感的活跃的学生就会非常踊跃地要求发言。我布置的常规"朗读作业"中，就包含了"幽默作业"：可以朗读美文，也可以找一条笑话，把笑话背熟，反复操练，尽可能讲得风趣幽默诙谐。为了让每一个学生都得到锻炼，我还组织了"讲幽默故事擂台赛"，全员参与，提前一周时间发布比赛的各项要求，使学生有充分的时间准备。我还组织了"幽默故事原创大赛"，由学生创作学生演绎。通过比赛的形式，很好地培养了学生的幽默感。因为有了幽默，学生之间的冲突现象明显减少了。

口才与文才同样重要，文才需要口才来表达，口才需要文才来充实。作为教师，找准文才与口才的发酵点，灵活整合各项语文技能，长期坚持口才与文才兼修的训练，让学生的每一节语文课，每一天的语文生活，都是进行听说读写综合训练的好时机，才能让口才与文才齐飞，才能把学生培养成为口才、文才兼修的高素质人才。

📖 参考文献

［1］周国柱.论儿童语言发展与口才培养［J］.科技资讯，2006（13）.

［2］王艳杰，岳桂春.语文教学中口才培养的途径与方法［J］.齐齐哈尔师范高等专科学校学报，2008（3）.

［3］杜玉彬，崔学舫.重视口才培养带动思维训练［J］.河北教育，2005（12）.

［4］康淑芬.浅谈学生口才能力培养［J］.当代教育论坛，2005（18）.

［5］李名良.培养学生的口头表达能力浅谈［J］.湖北广播电视大学学报，2006（3）.

"弄玄虚"，让课堂更有味

当代教育家苏霍姆林斯基深刻地指出："教师的语言修养在极大程度上决定着学生在课堂上的脑力劳动的效率。"如何锤炼和优化自己的教学语言，提高教学语言修养，应当成为一个教师的自觉追求。

学生的心理发展规律、年龄阶段及其特征是教育工作的重要依据，教学语言和教学策略的选择都要考虑这几方面。下面我将从小学的低、中、高三个年段分别阐述如何让课堂语言更艺术化些，让学生听得更津津有味。

一、低年级

低年段学生天真无邪，容易兴奋，热情有冲劲，对成人依赖，特别喜欢表扬，把焦点集中在老师的赞同和接纳上，同时他们注意力不持久，自我克制能力弱。在调控课堂的艺术语言方面，适合使用以下策略。

1. 制造"明星"

范例1　"我需要一个小助手帮我把挂图贴上去，他（她）得在上课的时候管住自己，不做其他与上课内容无关的事。"学生听了会以此为奋斗目标，坚持一小段时间专心听课。

范例2　"你读书声音真响亮，现在请你代替老师带同学们读生字。"其余学生得到暗示：读书响亮会获得肯定，随即会进行有意模仿，不专心的学生会在求同心理下自我强迫集中精神一起读书，时间一久就会形成良好的习惯。

2. "故弄玄虚"

范例　"老师得到一份神秘礼物，却没有钥匙能打得开，据说能在课堂上举手回答问题三次以上的小朋友就可以帮我这个忙了，大家愿意帮助老师吗？"低年段学生热情热心，类似这样的语言能极大地激发他们的"英雄感"，鞭策他们争取成为"帮助"老师的小英雄。但教师使用这类语言方式要注意有始有终，不能因为下课了或者完成教学任务了就轻视甚至忘记之前的许诺。在学生看来，形式比内容更重要。"礼物"也好，"奖品"也好，要有一定的教育意义，比如说是猜一个字谜，对一个对联，说一个成语，等等。

3. 投桃报李

范例　"这位小组长不但自己专心听讲，还带动全组同学认真听课，老师奖他们组一朵大红花。"教师及时发现及时表扬，投桃报李表扬组长，表扬组员，既极大地鼓舞了组长的信心，树立了这位组长的威信，又使这个小组更加团结一致，同时令其他未获表扬的组长及小组成员看到自己学习的榜样、超越的目标，激发上进的欲望。短短一句话，一举四得，比起使用批评、提醒的课堂调控方式是不是更高效？

4. 放大优点

范例 "这几位小朋友写字的姿势真像书法家，我看他们只要坚持正确的写字姿势，将来一定会成为真正的书法家。"写字姿势正确不一定就能成为书法家，但是对低年段的学生来说，他们更愿意相信老师说的话。这种放大优点、夸大事物作用的方法，对低年段学生往往具有意想不到的作用。

二、中年级

中年段的学生已经开始对事物有一定的认识，开始有自己的想法，教师调控课堂的语言要更加有逻辑性、趣味性。

1. 顺水推舟

范例 "我知道××一定是累了才这样坐的，他一会儿休息好了一定会坐得很端正的。"一个学生懒洋洋地靠在椅子上，如果教师义正词严地"提醒"学生要坐端正，被动坐好的学生心里不一定服气。采用顺水推舟的说话方式，先给学生一个台阶下，照顾了学生的自尊心，一般情况下，学生都会感恩老师的善意而使老师最终之意图达成，久而久之也会喜欢这个老师，喜欢这个老师所上的课程。

2. 暗度陈仓

范例 "钱塘江大潮确实是天下奇观，读了课文，同学们如身临其境，不过，有一位同学却什么都没有看到，我想他应该知道为什么。"一边在讲述与课文有关的话题，一边又不着痕迹地提醒学生。这样的方式一般能不影响正常教学又能起到及时提醒的作用。教师使用这类语言的时候，要注意配合眼神的使用，有所指向的目光才会达到提醒指定对象的作用。

3. 缓兵之计

范例 "请你来回答好吗？（学生因为没有专心听讲而哑口无言）我想你在深入地思考，一会儿再告诉我你的答案好吗？"明知学生没有听课却偏要提问，明知没有听课而回答不上来，教师在这里使用缓兵之计，既善意地提醒了学生要专心听课，又马上使学生的思维围绕教学内容转起来，可谓一举两得。

4. 将计就计

范例 "同学们，让我们一起坐上旅游车，前往钱塘江观看大潮吧。车不等人，可别丢了你呀。"教师以"旅游"为策略串起全文的教学，发现有学生分神后将计就计用艺术性语言巧妙地提醒学生，不专心就学不懂，就"上不了车，看不见风景"，分神的学生自然心领神会。

三、高年级

高年段学生对知识具有极强的吸收能力，既走向成熟又带有童稚，既走向独立又具有依赖性，对老师及同学对自己的评价描述非常敏感，他们已经有一定的约束能力，教师在课堂调控语言方面要转向以保护学生敏感的自尊心和激发他们强烈的求知欲为主。

1. 轻描淡写

范例 （背景：学生回答问题时忽略了某个部分）"××的发言没有错，但是他看得快了点。请回头看看桑娜在渔夫回来之前矛盾的煎熬的心理描写还有哪一句。"我们不妨做一个对比处理：①教师不理会学生的回答，转而向其他学生发问："是这句吗？文章之前的描写里面再找找看。"②"看书要仔细，汇报要按顺序，不要漏了一些关键的句子。"在两个对比例子中，教师的语言虽然没有明确地批评学生回答不完整，但是已经暗示了教师的不满意情绪，对于敏感的学生也许会影响到他们以后发言的积极性以及自信心。范例中的语言首先肯定了学生的回答，然后轻描淡写地以"看得快了点"为转折提醒学生回头看看，仔细阅读文本发现更多的问题。这种处理手法能够使学生免于尴尬又能马上激发再度学习的信心，避免因为教师过于严厉苛刻而出现课堂冷场的现象。

2. 制造台阶

范例 （背景：学生回答问题答非所问，场面尴尬）"也许是老师没有把话说清楚，我把问题再说一遍吧。"学生有时回答不上老师的问题，或者回答不尽如人意，教师这时要照顾学生的感受，不责怪不嫌弃，制造台阶让学生得到再度思考的时间和机会，会令课堂和谐，增强学生的信心。

语言是思维的外衣，要提高学生的口才文才，教师的课堂语言应更艺术化，才能引导学生走向语言百花园。

参考文献

［1］夸美纽斯.大教育论［M］.北京：人民教育出版社，2002.

［2］苏霍姆林斯基.教育的艺术［M］.长沙：湖南教育出版社，1983.

［3］李如密.教学艺术论［M］.济南：山东教育出版社，1995.

质疑，是一种能力

"思源于疑"，一切思维皆由疑而起。有了疑问，才引起思维的活动。教学生质疑，可以使学生的思维、语言得到训练。

一、让学生敢问、乐问

学生对质疑，开始都存在一些心理障碍。有的怕问得不好，同学见笑；有的怕问得不当，老师责怪；有的索性只听不问——反正不问就不会有错……为消除学生消极的心理，教师要千方百计地鼓励和诱导学生，让他们认真读书，积极思考，大胆地把一些不理解、有怀疑的问题提出来，供老师、同学讨论研究。

教师的鼓励能有效地消除学生的思想顾虑和其他心理障碍，激发学生提问的欲望。例如，在教学《种子》一课时，我问学生预习时有什么不理解的问题，许多人摇头表示没有。我看得出他们不敢当众提问题。于是根据预习要求，我启发他们："'为什么小女孩交的树种不多，却得到老师的表扬呢？'这就是问题。你们按照这样的思路围绕预习提纲去思考，去提问就行了。"当学生提出问题后，我总是鼓励，说："你想得真好，一定是下了苦功夫。""你和老师想到一块了！"亲切的话语让学生受到了鼓舞，提问的积极性也就高涨起来了。

每个人都有得到别人尊重的需要。教师对学生提出的问题，一定要诚恳听取，要及时表扬；对有创造性的问题，教师更应重视，适当引导，促进其求知欲的产生。

二、让学生会问、善问

敢问了，还要会问。如何质疑问难？学生若掌握了基本方法，就能边读边想，善于提出问题了。

1. 从题目入手

题目是文章的眼睛，集中体现了文章的中心内容、作者的思想感情、文章的体裁和特点。从文章的题目入手去思考问题，就可以提出一些重要的问题。如教学《捞铁牛》时，可以提出这样的问题——"谁来捞？""为什么要捞？""怎样捞？""结果铁牛捞上来没有？"等。

2. 从课后习题、预习提示入手

课后练习题是编辑者根据小学生的认知水平、教学大纲的要求、单元组的教学任务和课文的特点而编写的，从课后练习入手，学生可以比较容易地提出疑难问题，比较容易地把握教学重点。如教学《田忌赛马》一课，可以引导学生思考："两次比赛，田忌都是用同样的马，为什么第一次田忌输了，而第二次却赢了呢？"

3. 从句子入手

有些课文，尤以蕴含深刻哲理的课文为甚，往往有一两句揭示文章中心或者哲理的句子。有些课文，在每一段的开头用一句话说明中心，下面再围绕中心进行分析，可引导学生找出这样的句子，并从中思考，提出问题。如《太阳》一课，教学时可引导学生根据"一句话，没有太阳，就没有我们这个美丽可爱的世界"一句提出问题。

4. 从课文的形式和写作的特点入手

为准确地表达自己的认识和思想感情，作者往往从不同角度，选择不同的表达形式和方法，掌握这方面的特点，对理解课文中心与特点很有帮助。教学时可以引导学生从这方面去思考问题，提出问题。例如《我的伯父鲁迅先生》一课，"救护车夫"一事，是爸爸先发现车夫受伤的，爸爸也同伯父一起为车夫敷药，扎绷带，课文为什么着力写伯父呢？

学生的每一次质疑，都是智慧火花闪耀的产物。教会学生质疑，就是帮助学生掌握了打开知识宝库大门的钥匙。

在整本书阅读中培养小学生写作素养

何谓写作素养，概括地说，"写作素养是指写作主体从事写作时所具备的素质和修养"；具体地说，"写作素养是指学生在写作方面表现出来比较稳定的、最基本的、适应时代发展要求的学识、能力、技艺、人生阅历、审美情趣、生活实践和情感态度、价值观，是工具性与人文性的统一，具有传承文化的功能""对小学生而言，其写作素养主要由写作知识、写作能力、写作情志三维要素组成"。我认为，写作素养，始于阅读，行于读写，终于素养。在小学阶段，着力整本书阅读，是培养小学生写作素养的重要途径。

一、整本书阅读对写作素养的影响

从孔子推行"四书五经"的典籍教育，到叶圣陶提出"读整本的书"主张，整本书阅读的理念其实一脉相承，未曾断代。从《义务教育语文课程标准（2011年版）》到《义务教育语文课程标准（2018年版）》，对整本书阅读的指导越来越明晰，除了一以贯之提出"提倡少做题，多读书，好读书，读好书，读整本的书"，更进一步提出了"提高阅读品位""关注学生通过多媒介的阅读"等指导意见。可见，在语文教学中做好整本书阅读，加强阅读教学与写作教学的联系，尤其是加强整本书阅读的推进，从读迁移到写，从写推转到读，对培养小学生写作素养有着重要意义。

二、在整本书阅读中提升学生的写作素养

我以整本书阅读为抓手培养学生的写作素养，在推进整本书阅读的实践中验证了整本书阅读有助于培养小学生的阅读兴趣，帮助其形成阅读习惯，磨炼其读写的意志，帮助其积累阅读方法，丰富了其语文知识和生活知识，开阔了其视野并提升了其阅读、表达能力。阅读的积累迁移到写作能力，在此过程中潜移默化发展了写作素养。

1. 在整本书阅读中点燃学生的阅读兴趣

在整本书阅读推进的过程中，从众效应可以使那些对阅读还没有兴趣的学生点燃阅读兴趣。通过因人而异、"同书异版"的班级共读整本书，让学生在教师的指导和引领下，在同伴的相互影响下，营造阅读的氛围，培养阅读兴趣。以"纯阅读"——零负担阅读起步，去除阅读的各种附加条件，学生以纯个性化的阅读行为进入整本书阅读氛围中。以我们在三年级共读的《安徒生童话》为例，对已经有阅读兴趣的学生，教师建议家长准备纯文字

版本；对阅读尚未产生兴趣的学生，教师建议家长为孩子准备图文并茂，甚至是低幼版。对完成整本书阅读之旅的学生，给予阅读印花奖励；对进行了多个版本比对阅读的学生，在家长微信群表扬等。在因人定版、从众效应、零负担阅读、精神奖励等多措并举之下，班级阅读蔚然成风，学生的阅读兴趣就培养起来了。

2. 在整本书阅读中培养学生的阅读习惯

兴趣若能转化为习惯，就会终身受益。整本书阅读比之单篇阅读，其情节之跌宕，描写之细腻，人物之丰富，对学生将产生持久的吸引力，都是单篇阅读不能比拟的。而持久的吸引力是让兴趣升华为习惯的最佳媒介。所以，整本书阅读是培养学生形成阅读习惯的好抓手。在整本书阅读中，教师对学生进行读书方法的指导，理论与实践相结合，能够使学生更好地掌握读书的方法，养成阅读的习惯。比如，在《安徒生童话》一书的首次阅读指导课中，我重点向学生推介了冯骥才的想象读书法，并用想象读书法引导学生阅读——在情节高潮时，在章节完结后，在人物命运转折时，停一停，想一想，说一说，议一议，师生在听读与想象中，完成阅读与指导。毛泽东的"四多"读书法、列宁的批注读书法、富兰克林的复述读书法、茅以升的背诵读书法，都适合推荐给小学生。强根固本，教给方法，而不是把眼光局限于书中的某一个人物或事件，不唯考点而读，才能扎扎实实帮助学生把阅读兴趣转化为阅读习惯。

3. 在整本书阅读中磨炼学生的读写意志

在《义务教育语文课程标准（2018年版）》中，提出要关注学生通过多媒介的阅读，提升阅读的品位。基于此，我在学校推动"阅读就是最美的等候时光"——每天早上提早进入校园的学生，手持一书在等候区排队，安静阅读。书源学生自备，值日教师巡查指导；下午放学后在等候区等待家长的，同样要求。一开始，还有很多学生不爱阅读，需要值日老师督促提醒。一学期后，阅读已成为最美的等候时光。我还在学校推动"午间阅读时光"——每天午餐后的20分钟，为全校的整本书阅读时间，教师有的开展专题阅读指导，有的开展整本书阅读中的读写迁移指导，有的开展整本书纯阅读……当初那些不爱阅读的学生，在社会趋同效应下，坚持阅读，磨炼了读写意志，形成了阅读的习惯。

写作素养之养成系列——阅读意志篇（根据班级调查问卷整理）

时间\项目	提早到校时，能静候阅读人数	午间阅读时光参与阅读人数	能完成教材内指定阅读书目整本书阅读的人数	开展教材指定书目外的整本书阅读班级数
2018—2019年下	185人（占早到校人数的30%）	320人（占校区午托人数的35%）	803人（占校区人数的69%）	7个（占校区班级的29%）
2019—2020年上	530人（占早到校人数的88%）	912人（占校区人数的100%）	1100人（占校区人数的95%）	18个（占校区班级的75%）

注：我所在校区24个班，1162人。

4. 在整本书阅读中习得读、写技法

比之单篇阅读，整本书阅读的技法、篇章更为丰富多元，我和团队教师在教学中运用思维导图法、精读法、略读法、速读法、批注法等，打磨"好书推荐课""分享交流课""主题阅读课""对比阅读课""创意读写课"等课型，指导学生在阅读中习得、运用知识和技法。如我在班级完成《安徒生童话》《格林童话》和《稻草人》三本书的阅读后，开展了一节"对比阅读课"：比对三本书的作者、创作背景，比对中发现三本书叙述风格的不同，发现童话创作的特点。在其后一节的"创意读写课"中，很多学生能够在40分钟内创作出近400字的童话，甚至有学生开启了写"整本童话书"的行动。授人以渔莫过如此。

5. 在整本书阅读中培养思辨能力

"语言活动的背后是思维活动。"根据学生的年龄特点，引导学生主动阅读，开展不同形式的互动思辨探究，增加阅读过程中的思维流量，既让"一千个读者有一千个哈姆雷特"的个性化阅读得到彰显，也引导学生在一千个哈姆雷特中追求"最哈姆雷特"的主流价值引导，发展写作素养。在《波莉安娜》的阅读中，我以情节冲突为抓手，唤起学生的思辨意识，训练学生的思辨能力。如"①波莉安娜是孤儿，姨妈是镇上最有钱的人之一。你认为谁更幸福？②波莉安娜一个人改变了整个镇的人的幸福指数，她怎么能够做到？③决定一个人幸福与否的是什么？"教师以思辨之思维设置问题，引导学生在细读中培养思辨能力，在读写结合中提升写作素养。

从整本书阅读入手，培养学生的阅读兴趣，让学生养成阅读的习惯，锻

炼读写的意志，习得读写的技法，训练思辨能力，在读写结合中提升写作素养。

📖 **参考文献**

［1］李明菊，刘晶晶.小学语文写作素养的内涵、构成及测量［J］.南京晓庄学院学报，2018（1）.

［2］尹继东.写作：是能力，还是素养?［J］.现代语文（教学研究版），2006（9）.

［3］钟桂芳.小学语文思辨性阅读策略研究［J］.江苏教育研究，2016（13）.

吾日三省吾身

教学是一种技术，更是一门艺术，教学过程千变万化，有时即使教师在课前做了周密的分析和部署，在课堂上也会出现突发情况；有时教学的效果不能立竿见影，这就要求教师有根据现象及时反思，调整教学策略的能力。

"知人者智，自知者明。"一个好的教师应该是善于反思教学过程的教师。善于对问题的可解性做出正确的估计；善于对具体问题做具体分析，思路清晰；善于发现推理过程中出现的错误并及时纠正；善于克服学习过程中的"负迁移"；善于考虑正反两方面的论据，做出正确判断；善于调节思路，加强目的性等。这能使传授知识与发展智力、培养能力在教学中得到保证。

一、根据学生在课堂上的表现及时反思教学

从学生在课堂上的表现（表情、动作、语言等），教师可以知道学生是否已经学懂，是否还心存疑惑，是否对所学内容感兴趣，是否对教师的教法认同……在你认为很新颖的教学设计，实际应用起来时学生并不一定产生共鸣，教师就要及时调整教学思路，不能一味地在课堂上强调"三大纪律，八项注意"，应在激发学生的学习兴趣方面主动出击。

二、根据学生的作业情况、测评成绩及时反思教学

十年树木，百年树人。教育是一项长期、反复的育人工程，在课堂上学生的表现只能是教学效果体现的一个侧面，学生的作业情况、测评成绩也是

检验教学效果的一个重要方面。如形声字的教学，如果不是测评情况显示当初在黑板上把答案写得密密麻麻的教师的教学效果并不理想（大部分学生在测验中不能按要求准确写出足够数量的范字），那位教师还以为自己已经尽了最大的力量把学生教好了呢。经过对测验情况的反思，这位教师后来在评讲的时候采用了我的方法，效果明显提高。

三、根据家长反馈的信息及时反思教学

家庭教育与学校教育同等重要，注重和家长沟通，及时从家长那里获取教学反馈信息，及时调整教学策略同样重要。鉴于中国千百年来讲究"师道尊严"，有时学生在教师面前不敢流露真实的一面，如果加强了和家长的沟通，获取了家长的信任，一切以"为了孩子的发展"为目的，教师、家长坦诚相见，所谓"一人计短，两人计长"，教师为学生传授知识、发展智力、培养能力的教学目的就有了坚强的后盾。

四、根据与校内外同行的交流及时反思教学

同样作为教育工作者，站在同一条战线上，彼此的见解各有所长，要加强与校内外同行的交流，互通有无，反思教学。同样的内容和目的，别人是如何教的？我是怎样处理的？谁更好些？应该怎样改进？……多交流，多比较，多改进，教学水平才会提高，学生的发展才成为可能。

五、捕捉报纸、杂志、网上信息等反思教学

作为传递信息的报纸、杂志、互联网等，存储了大量丰富的教学资源，在信息技术飞速发展的今天，我们要求学生掌握搜集、处理信息的能力，我们教师就必须先具有这种能力。接触媒体上大量的资源后，我们回头反思一下自己的教学，会有一种"听君一席话，胜读十年书"的感觉。

形成自己的教学"范儿"

时代飞速发展，新课程改革呼唤大量具有自我风格的教师。教学风格不会与生俱来，其形成阶段与书法学习如出一辙，可用"三意"概述，即"刻

意模仿、有意表达、创意发挥"三个阶段。

第一阶段：刻意模仿，"描红"里学习风格套路

教师提炼教学风格不能邯郸学步，也不能朝秦暮楚；既要泛观博取，也要熟读精思，才能独辟蹊径。

1. 选对"帖"

选准"仿点"。阅课宜多，描课宜精。我们建议学生广泛阅读，但更要读名著；我们学习书法，倡导遍阅百家，但更要精选古帖名帖临摹。同样，在教学风格的提炼过程中，开始也应选定"名家"风格来钻研学习。遵循"最近发展区"的教学原理，教师选择模仿学习的教学风格，可遵循"名家、易学、能学、近似"四个原则，让修炼者跳一跳能摘到桃子。

在广阔的小语文名师世界里，我们欣赏王崧舟的诗意，拜服窦桂梅的激情，惊叹支玉恒的潇洒，仰慕贾志敏的从容，享受蒋军晶的才智，回味赵志祥的"愤青"……凡此种种，都是"看帖、赏帖"而已。在众多闪耀的名师中，教师须认清自己的"最近发展区"，根据"名家、易学、能学、近似"四个原则，选择一位进行重点学习。这，就是选"帖"。

我个人对于永正老师重情趣、重感悟、重积累、重迁移、重习惯的"五重"教育理念，幽默开朗、沉着自信、轻松兴奋的教学风格深深拜服。自我感觉也有两分于老师的爱生情怀，铮铮铁骨，知道自己最愿意学的就是他的风格。这，就是我选的"帖"。

2. 精描"帖"

锁定研磨之"帖"后，就是精度"描红"。教师可从以下几方面模仿学习：

（1）研读其教学理论文章。目的是读懂其人，也能从中感受其文字风格。

（2）研读其教学实录。把选中的模仿对象上过的最得意之作反复研读，对每一句话加以琢磨，感受其语言风格，体会其情感表现。

（3）研读其教学视频。观其言行，察其颜色，赏师生互动，形象地感受名师课堂魅力。

（4）"依葫芦画一瓢"。精研名师一节课，从教学实录到教学视频进行深度解剖研读，然后"描红画瓢"。

对于刚入职的新教师，也可以此"选帖""描帖"之理论，多看多学，站稳讲台，讲好课，在课堂中建立从教者的自信。中华几千年书法学习证

明，描红是学习书法最有效的第一步；在众多的案例研究中，也证明，从
"精研精描"开始，也是教师教学风格形成的最可借鉴的做法。我所在的学
校，对刚入职的新教师，在一年两次的验收课上，就是要求新教师上模仿
课。新教师在反复钻研、学习、模仿的过程中，得到了最快的成长。

第二阶段：有意表达，"临摹"中寻找自我

在学习初期，模仿是必要的，但不能盲从，要在借鉴他人经验的同
时结合自身的实际进行思考和吸收，博采众长，发挥优势，进而形成自身独
有的风格，这就是创新。比如，特级教师认真学习老一辈教师的"一节课一
个中心"的教学风格，但不是完全照搬，而是走出一条"大容量、深思维、
高密度"的自我特色的教学之路。有教师崇尚"学贵自辟"，在学习、模仿
名家的过程中，努力借鉴，尝试创新，一次一次地获得了"灵感"和"顿
悟"，其教学思想、教学艺术日臻成熟。

教师应主动继承传统教学中的优良因素；因材施教，追求"不一样的学
生不一样的教法"，在很多的"临摹"中，根据不同的学生、家长、教材等
因素，不断改变，尝试生成，把每一节课，都当成"实验"，慢慢摸索自己
的教学风格。

广阅名家课堂，博览百家言论，可以得其"法"；精研一二名家，深读
所著文字，可以得其"道"。在"法"与"道"中，逐渐形成自我风格。我
在"研读"于永正老师的教学风格之时，也结合高效课堂学习方式——小学
合作学习策略，逐渐形成自己的"亦庄亦谐，趣实相兼"的风格雏形。

第三阶段：创意发挥，"脱帖"后可成一家

教师对教学思想和教学艺术孜孜不倦的追求，通过不断的实践将趋向成
熟，并形成创造性教学的稳定状态，也就是独特而鲜明的教学风格。随着时
间的推移，反复历经"读帖""临帖"，融合教师不断更新的教学阅历后，
教师的家常课、公开课、实验课、展示课、示范课，甚至一言一行，都会体
现自己的特色，逐渐就形成了独有的教学风格。

一位著名语文特级教师在教学风格和艺术领域里不断创新，规定自己
每一节课都要有一点不同一般的突破。正是许多个"一点不同一般的突
破"使这位教师拾级而上，最终形成"生动、自如，富有创造活力，具有
课堂教学魅力"的教学风格。在形成教学风格的过程中，教师依据自己的

个性气质、知识储备、年龄特征、人生经历、兴趣爱好，以及外在的文化环境、教学条件、学生情况等因素，发挥自己的优势，就能够形成独具一格的教学风格。

正如作家苏童所说："希望我的风格会流动，会摇曳，会消隐，也会再现。"建构风格与提升风格应成为教师专业道路上必须攀登的台阶。每一位教师都应当有能力在瓦解原有的"旧我"之后不断创造出"新我"来，这也是教师不断地对各种风格、流派进行吸收与补充的过程。

📖 **参考文献**

［1］姚丹旭.我思我行故我在——李惠军老师专业发展历程探微［D］.华
    上海：东师范大学，2008：31-34.
［2］李如密.略论教学风格的形成［J］.中学教育，2002（5）.

把"花"种到"泥土"里——从台北国民小学看台湾小学阅读文化的推进

有两个人，都爱花。一天，两人同时各自得到一株鲜艳欲滴的玫瑰花。一人把花养在一个很美的花瓶里，天天摆弄欣赏；另一人把花种在泥土里，天天浇水施肥……谁能更长久地欣赏玫瑰的芬芳姿容呢？

台北市国语实验国民小学办学至今（2013年）已有67年，学校是岛内三所以"国语"命名的学校中唯一一所完全独立的小学，获得台湾教育部门推荐"九年一贯课程推手"绩优学校等众多荣誉。

作为一名语文人，我自然对这所学校的国语教学十分关心。台北国民小学在国语教学方面，"以国语科混合教学之精神，深耕阅读与写作，开发与实践阅读延伸写作与读写结合之教学策略"。

在参观了国民小学的图书馆、班级常态管理以及聆听了该校杨主任以及诸位教师的介绍后，我不得不深深叹服，台湾的阅读文化推进是紧接地气的，他们成功地激发了学生"想读"的欲望，培养了学生"会读"的能力，达到了学生"爱读"的美好阅读境界——台湾教育人是把"花"种到"泥土"中的好园丁，好花匠！

一、把"花"种到肥沃的"泥土"中——激发学生"想读"的欲望

（一）做最美图书室

印象一：书多，书好

趁着午间休息的空档，我在这所在当地非常有名气的小学（每周都有来自世界各地的教育考察团到校参观访问）进行了一次"深度"拜访：沿着教学楼二楼走了一圈。台北国民小学的教学楼四栋相连成为一个类似"口"形的结构。整个二楼，有一年级、二年级、五年级、六年级四个年级的班级，低年级的学生都在老师的管理下安静地伏在桌子上午睡，走到五（4）班，看见灯都亮着，班里30个学生全都安静地看自己的书，不需要任何人监管，也没有见到老师，每一个学生都沉浸在自己的书的世界里……多么美好的境界。其他班级如果不午睡的，也都是在阅读。

走了一圈，看见几幅很醒目的宣传画"喜悦世界放眼天下"，于是沿着阶向下，见到了台北国民小学藏身地下负一层的"巨大"的图书馆。之所以用"巨大"，一是因为面积确实够大，整个地下负一层都是；二是因为里面的书真的很多，分门别类，随处可见却又整整齐齐，显得那么友善。有的按内容分为英文类、绘本类、语文类、美术类等，有的按年级分布摆设。每一本书都可以看出是精心挑选的。看着这么多这么好的书，学生的阅读兴趣瞬间就会被点燃。

印象二：室大，室美

我参观过很多学校的图书室，面积比台北国民小学图书室更大的也有不少学校，但是台北国民小学地下图书室却是我所见过的最大、最美的学生图书室。说它最大、最美，是因为这里的每一寸空间都是为让学生爱上阅读，为学生方便阅读而存在的（很纯粹很朴实的出发点）。每一道门的对联，从墙壁上贴着的一张张海报、读书成果展示、读书讲座资讯……足以让人感受到这个来自地下的图书室对于学生来说，源源不断地提供着多少的养分！

（二）让阅读接地气

做法一：开展无压力阅读

每天早上5分钟的"晨光"时间（类似大陆的"早读"）就是学生的无压力阅读时间，学生只管看书，不用担心学校布置写什么读后感、读书笔记，

只管看进去就行，只管喜欢看就行。这种紧接地气的阅读观点，这种不急功近利的阅读做法，让学生一下子爱上了阅读。

做法二：通过图书室推动读书活动

通过图书室推动读书活动是台湾当局对学校提出的号召，在台北国民小学得到了很好的落实。他们开展了一系列的阅读进阶活动，完全不是为了应付上级的检查，也没有上级要检查他们，他们所做的一切都是为了学生的成长。这样的出发点实在令人敬佩，但是，这又是作为教育者首先应该做到的事。从管理教师和家长志工填写的一张张表格，盖下的一个个红章，到进阶申请表上写下的一个个文字，每一项工作都一丝不苟，有条不紊，持之以恒，这样的做事态度，是不是再次证明了台湾教育的成功呢？——唯有人成功了，方可说教育成功。我想到了台北国民小学志工团的精神支撑——"一个好人生命中最珍贵的部分就是其微小，默默无闻，不为人知，发自仁慈与爱的善行"。

浮躁的教育能做到几千人如一人？数十年如一日吗？台湾教育的沉静与坚持值得我们反思。

二、给"花"亮相的机会——培养学生"会读"的技巧

是否在广泛阅读以后，学生就一定会有好的阅读素养呢？答案是否定的。台湾小学在培养学生阅读能力方面的做法，一方面是上面提到的推动阅读文化，另一方面是以国语课堂为阵地，教师借助课文，培养学生摘取课文大意，提出问题并解答问题，学习各种修辞表达等能力。以小学六年级上册为例，台湾的课本安排有四个单元16篇课文的容量，一周6节国语课，一篇课文教学5个课时左右，一学期完成四篇习作。相对大陆，我们都会觉得这样的量实在是太小了。但是我们发现，学生拥有了更多的时间去自我阅读自我成长，也许习惯了浮躁的我们会有点不以为然，但是一旦看到台湾学生的海量阅读，一旦见识到他们放眼世界的胸怀，我们一定会因为自己的鼠目寸光而惭愧难安。

台湾国语教师在教学作文的时候，一般会让学生经历体验，然后进行口述作文，口述后才笔述成文，以此培养学生的口头和书面表达能力。

台湾教育部门每年都会出台教师培养计划，致力于提升教师教学能力，致力于让教师成为培养学生阅读素养的最佳引路人。

除了通过课堂教师的引导、点拨、提升学生的阅读素养，学校经常举办各种不同形式的读书活动，也是培养学生阅读素养的重要途径。比如，家长志公会经常组织读书报告会的活动，从活动的筹备、海报的制作、奖品的准备一应全包。学生如何做读书报告，又会有专门的家长志工来为学生讲课。活动结束了，发奖，贴大大的报喜信在图书室的荣誉墙上。这样的活动全部出于自愿，没有任何走形式、被检查的味道。想起萧红在《祖父的园子》里写的一段话："一切都活了，要做什么，就做什么。要怎么样，就怎么样，都是自由的。倭瓜愿意爬上架就爬上架，愿意爬上房就爬上房。黄瓜愿意开一朵花，就开一朵花，愿意结一个瓜，就结一个瓜。若都不愿意，就是一个瓜也不结，一朵花也不开，也没有人问它。玉米愿意长多高就长多高，它若愿意长上天去，也没有人管。"台湾小学的阅读文化在怡然自得中经营得从容安定。

三、"花"长出了根须——达到了学生"爱读"的境界

把"花"种在"泥土"里，给它浇水，给它施肥，没有人催它要开花了，要结果了。这"花"到了该开的时候，自然就会开了。台北国民小学是我们此行标杆性学习的第一站，五（4）班里的那些可爱的学生，午休时在图书室借书的那群活泼的学生，班级听课时那群爱说能说见识广的学生，不正像已经长出了根须的那株玫瑰吗？

台湾在推动全民阅读方面还有很多"固本"的做法，比如，台北市政府每年举办的"小小说书人"活动，就是以戏剧、说书等形式进行的大型赛事。此外全台湾有很多市立图书馆，发放的家庭读书卡可以一次性借阅20本书。又如，在全台湾在五年级会进行学力检测，其中阅读题目都是开放性的，重在考查学生的阅读素养。在多种措施共同作用下，台湾小学生的阅读量及阅读能力在不断提高。

在这个电子产品泛滥的时代，在这个全民浮躁的时代，台湾教育同行能够坚守阅读，坚守语文的核心——阅读，坚守教育的核心——阅读，为学生建起一种沉着、淡定、从容的气度。来自海峡对岸的我们都在思考着我们的阅读之路——把"花"种到"泥土"里，不要当陈设品！

（本文发表在《广东教育》上2015年第4期）

新形势下名师要练好"三套功夫"

教育要强，教师队伍必须要强；教师队伍要强，名（骨干）教师队伍建设一定要强。结合本人在江门市"领雁教师"跟岗研修学习中的所见所思，阐述新形势下名师须练好"三套功夫"。

第一套功夫：要练好课程领导力和执行力

本次跟岗的两所学校——环市西路小学（以下简称"西小"）和西关实验小学（以下简称"西实"），不约而同都在做课程统整。

"西小"以校园剧为载体统整课程。以其独有的"竹文化下的星教育"为方向，引入"对分课堂"教学模式，育人目标非常明确：以生为本，以培养学生的素质为本，以批判性思维对待引入的新模式，以"为我所用"而非"我为其用"的态度，理性对待改革探索。学校同样在每周二下午连堂两节课作为统整课程实施时间。其课程统整贯穿所有年级所有学科，全学期全过程开展，采用自然班上课。每个星期二下午，校园内就像过节一样热闹。

"西实"则以统整思维为教育瘦身，以基于西关地域文化的学科融合统整儿童生长课程，以"学科融合"实现能力的提升。学校尝试从"学段贯通""课程衔接"和"教学融合"三方面来突围。课程统整在三年级到五年级开展，每周二下午实行走班制。这和以往很多学校的第二课堂、兴趣活动很相似，但最大的不同是"西实"的融合课程是由学校统整，是有顶层设计的，有序列有系统的课程体系。

名（骨干）教师，应该以上述两位校长（名师）为榜样，集"有志之士、有识之士、有能之士"于一身，练就过人的胆识、高度的专业自信、强而有力的执行力，引领课改、课程、课题、课堂"四课"，由上而下做好学校、学科特色课程的顶层设计，发挥名师的专业引领作用，自下而上层层落实，推动学校、地区教育发展，百花齐放。

第二套功夫：要有不断洗练正确人生观、价值观的内觉

学校教育教学工作千头万绪，加上知识和信息都进入爆炸时代，名（骨干）教师肩负重任，更需要有处理好繁重的工作任务与生活的智慧。

"要做教育行业中的顶尖者，要坚持一些终身有益的习惯：祥和的眼神、自然的微笑、健康的习惯、必备的行为规范、恒久的阅读兴趣、与人相处的善良品德……"（陈俊芳语）作为在专业上有一定成绩的名（骨干）教师，要主动配合学校办学定位，结合自身优势，积极彰显课程特色。要成为自我领导者，要积极培养自己的韧性和洞察力，培养自信心和反思能力，练就责任感与使命驱动力。

钟南山院士在一次采访中对记者说："我们家谈学术，我们家从来不谈钱，我自己工资是多少，现在也不知道。"正是这种专注于专业发展，专注于为人类造福的伟大理想，使钟院士的人生价值超越个人，他想的是国家民族、人类命运。钟院士的家风——第一要永远有执着的追求，第二办事要严谨，要实在。名师不也一样吗？名师之名，不在名利，不在名气，而在"明白"。明白"名"为专业之精，明白"名"为学术引领，明白"名"为师德高尚。像从浙江名校退休执意要到国家级贫困县办学的陈立群校长"不为功利，不求功德，只为心愿"，坚持做教育的人，往往是"孤独的理想主义者"。名（骨干）教师要树立心中的教育理想和榜样，不断洗练正确人生观、价值观。

第三套功夫：要有文化育人的能力

"文化育人"之"文化"，既有外部环境之文化，也有内部精神之文化。

（一）丰厚内部精神之文化

1. 要引领教师团队认识正确的教育观

"对每一个孩子的教育，都会形成一个闭环，有始有终。"整个教育的过程应该包含"批评—表扬—激励—改进—巩固—养成"这样一个闭环。陈俊芳任"西实"校长时，要求每个班主任每学期对每个学生最少要有一次谈心，对于比较特殊的学生，最少要有3次谈心经历。她要求自己、行政团队、教师要做到：凡事有交代，件件有落实，事事有回音。

由此我想到一位年轻教师，家长对其工作意见多，然而她工作不可谓不勤奋不用心。家长向学校反映说班里纪律乱，影响上课。但是，据学校平时的巡堂，并非如此。一了解，是这个班有几个特别顽皮的孩子，老师眼睛专门盯住这几个，一有动静就全班"狮子吼式"地批评教育。我引导教师：你向学生传递什么，学生回去就向家长传递什么，家长也就向学校传递什么。

一个班50个学生，老师整天只是盯着那两三个顽皮的学生轮番上演"狮子吼"，自己也累也有挫败感，其他学生也觉得自己一无是处，家长也觉得老师没有能力。老师应该多发现学生的闪光点，多表扬学生。

2.要引导学生建立正确的人生观、价值观

在"西小"，少先队建设开展得如火如荼，"把孩子们的事当作最大的事来办"。少代会的议程非常严谨，预备会议—主席团会议—主体会议开幕式—主体会议第二次全体会议—闭幕式—第三届一次全委会，历时十天。分组召开的学生代表提案会议上，一个个由学生提出的提案，真实而接地气。

"西实"的"雏鹰小军警工作站"充分体现了"学生当家"的教育理念——维持课间校园纪律以及放学队管理，这些"小军警"完全胜任。不由得想到了爱因斯坦的话：如果把学生的热情激发出来，那么学校所规定的功课就会被当作一种礼物来领受。

名师应丰厚内涵文化，以活动为载体培养学生正确的人生观和价值观。

（二）雕琢外显的环境文化

环境文化可以分为校园文化和班级文化，在"西小"和"西实"两所学校环境文化建设做得细而实。

1."西小"——"雅"

传承竹文化，发展星文化，统领学校所有教育教学活动。各个功能场室的文化布置彰显办学理念与人文关怀，厕所文化的打造尤其值得一书——干净、雅致、实用。环境如何建设、维护，这就是文化。

2."西实"——"韵"

把地域文化与学校文化融合得天衣无缝。学校用"人造瀑布墙"解决了"天降大雨积水飞泻的尴尬"；每两个班级设立一个"微型教师办公室"，使教师与学生在一起的时间与空间都自然增加；"微型教师办公室"与"开放型的楼层读书吧"相邻，就如钢琴上的黑白二键。

教育，不仅仅是上课、作业、考试；教育，更是名师要用心经营的生命场；教育，是文化，文化拥有力量：

"根植于内心的修养，无须提醒的自觉，以约束为前提的自由，为别人着想的善良。"（梁晓声）

有课程领导力与执行力，有正确人生观、价值观的内觉，有文化育人的能力，这是领衔"名教师"之"名"者需要日日练、时时练的"三套功夫"。

（本文从2019江门市"领雁教师"跟岗研修学习报告中总结提炼而来）

"实"字当头，"做"而论道——探寻岭南特色名师工作室建设之路

很多人对广东人的评价离不开一个"实"字——实干、务实、实在、老实……而追求实在、实干、实用、实效的育人效果，是我建设岭南特色名师工作室的宗旨。"活、严、清、准"是我工作室运作的"四字真言"。

一、用人之道——追求团队组建的"活"

万事由人起，团队建设最重要，工作室团队建设做好三个"活"。

1. 读活文件

"事在四方，要在中央。"（《韩非子杨权第八》）省厅和财政厅发布的五大文件就是这个"要"。工作室团队成员，尤其是主持人，应逐字研读，将之作为行动纲领、诸事的指南。

2. 灵活选人

广东省新一轮名教师工作室成员设有工作室助理、高校专家、教研员、技术专家四个岗位，主持人根据实际情况选择合适的人才。以本工作室助理的选定为例，2018年通过选拔成为主持人的时候，我当时所在的校区只设有一、二年级，经过综合考虑，我把助理人选定在我们最大的校区，经过和学校领导的充分沟通，工作室也设立在资源最丰富的这一校区。两年的骨干学员跟岗研修以及日常的常态培养证明，是可行且非常顺利的。

3. 活化设岗

主持人还可以根据实际情况，灵活设立岗位。如本工作室曾设了"特邀指导专家"——本地区的专家为主；"工作室协管员"——因为跨校区工作，且学校新教师很多，借此机会培养年轻人，协管员一般是做一些技术含

量不算很高的但是需要时间成本投入的工作；组长、副组长——学校正、副校长等。让每一个做事的人名正言顺，工作室就容易运转了。

二、导人之道——追求制度建设的"严"

"法治兴则国兴"，依法治国的理念体现在工作室的工作上，就是依照制度来严格管理。

1. 立制严谨

省教育厅颁发了有关工作室管理的各项文件，是制订工作室个性化管理制度的重要依据。主持人应充分研读文件通知精神，也应向有丰富经验的主持人取经，使工作室的制度"细而全"。让制度上墙，通过制度管理，阶段落实"八项任务"，全程落实《学员手册》，全程执行《管理制度》。

2. 守制严肃

"把小事做极致就是不平凡"——在培训期内，主持人要把制度学习当作头等大事。首次学员跟岗，就要认真学习制度——知道研修任务有哪些，用什么渠道完成，最终要达到什么目标。

学员的跟岗作业，主持人要安排好教学助理负责跟进整理：何时交，质量、数量，都要有登记，并且及时发布。主持人要重视学员的成果作业，要认真批阅学员的作业，给出修改的建议。把特别优秀的学员作业作为讲评辅导的重要素材，促进学员素质整体提升。学员提交的作业，要作为工作室评选优秀学员的重要量化指标。

只要是工作室举行的活动，都应给参与活动的学员颁发证书；然而"讲人情"的证书，是绝对不能有的，这是主持人一定要坚守的底线，也是工作室品牌含金量的保障。

三、运财之道——追求经费管理的"清"

经费的使用情况折射出工作室运作的密度和效度。

1. 经费多少心中清

主持人要与学校财务人员密切沟通，清楚各级教育行政部门划拨的经费分别有多少，何时到账。年初做好经费预算计划，年终做好总结。清楚每一笔开支。

2. 一年用完及时清

根据各级经费到账的时间，合理使用。以本人工作室为例，我们更多的是做"雪中送炭"的工作——腾出更多的时间主动送课送培训到比较边远落后的地区。把培训资源送到最紧缺的地方，和市、区级工作室形成互补。

3. 心无贪念两袖清

工作室经费的独立开支，赋予了主持人更多的经费使用自主权，支持人应坚持清清白白做工作，正所谓"不请、不送、不拍、不谀，无官何惧？宜勤、宜俭、宜清、宜廉，为仆欣然！"

四、育才之道——追求研修培养的"准"

（一）"准"，体现在两个方面

1. 培养目标定位要准

工作室定位为：

（1）工作室是名师展示的舞台、骨干培养的基地，是教学示范的窗口、科研兴教的引擎、教育改革的论坛，是集教学、研究、培训于一体的研修共同体。

（2）工作室要整合多方教育资源，协调各方关系，统筹资源，发挥成员优势，根植项目研究，促进工作室所有人共同发展。

2. 入室学员情况研判要准

对学员的入室申请书进行归表整理，指导学员制订"三年发展规划"，实行"缺啥补啥精准培养"。全方位了解学员的情况，有助于给予学员更精准的帮助。在第一次研修期间，主持人就可以和每一个学员进行个别访谈，了解学员的家庭和工作情况。例如，我工作室一个学员在跟岗期间，父亲突然中风入院。因为之前就知道她是独生女儿，父母亲年纪不大，但身体一向不好。所以得知这一情况后，我灵活安排她的跟岗时间和任务，还去慰问她的父亲。学员和家属都很感动，这名学员本身就很优秀，在后来的跟岗中，表现更加积极了。

（二）"准"，落脚点放在三个方面

1. 做好外显文化的"雅"

工作室是学员跟岗研修学习的主阵地，硬件建设是工作室的外显文化。主持人要把握标准和尺度，忌华而不实，也不能过分简陋。以"雅"为佳，

工作室制度、工作室标识、工作室软文化（理念、宗旨、课程等）、团队等，统筹设计。简洁美观雅致的研修环境，会让跟岗学习成为美好的学习之旅。

2. 坚实内涵文化的"信"

工作室应有内涵文化。工作室订立鲜明的工作理念，设计有富含寓意的工作室标识，有鲜明大气的育人目标，有一套行之有效的培养模式，有丰富的资源保障，有积极美好的工作愿景。这些，都使工作室因拥有内涵而产生自信。

3. 倡导行为文化的"谦"

（1）倡导"谦和"的同侪文化。以本工作室为例，主持人和学员之间彼此"伙伴"相称，每一个人都是导师，每一个人都是学员。每一个人都将在研修学习中达到"1+X"的研修效果。有人说，教师必须要有一桶水，才能够给予学生一滴水。作为主持人，应把"敢担当、勇奋斗、善作为"当成工作坐标。每一次的跟岗研修，主持人要提前做好活动策划，开好"文化餐单"，让学员吸收饱，锻炼好。同时，主持人也不必等到有一桶水，才去给学员一滴水。青出于蓝能够胜于蓝，长江后浪可以推开后浪，这个社会才会不断前进。一次在上海举办的全国小学语文暑期"卓越教师培养工程"深度研习营，受主办方邀请，本工作室所有成员就联袂过了一次大会主持瘾。幕后是工作室一个团队，幕前主持，我们推选了学员吕洽源担任。在这次活动中，所有学员都得到了一次很难得的锻炼。

（2）倡导"谦恭"的沟通文化。工作室策划组织活动，做报备走流程搞报销，跟不同部门的人打交道是少不了的，工作室倡导一种谦恭的沟通文化。尽量以"选择题"的方式进行咨询，不要出现因为自己的懒惰、无知，不想研读文件，而增加别人的麻烦的现象。

（3）倡导"谦虚"的研修文化。学然后知不足。工作室研修设计有以下这些指定工作。①阅读积淀。工作室建立三个阅读圈，即"语文阅读圈""教育科学阅读圈"和"思哲文化阅读圈"，带动学员阅读著作，并做读书笔记与读后感。工作室给学员送书，研修时安排读书交流会，读书涵养了学员的气质与底蕴。②基本功常常练。粉笔字、硬笔字、毛笔字，字字不离手；朗读、吟诵、对对联，范范不离口。练同题下水文，还练学生试卷。

学员之间、主持人与学员之间相互带动。③课题研究。工作室可以根据学员水平选择"大一统主题"齐步走的模式，或者是"主持人课题引领下的主题群"模式。选用何种模式，需要考虑、兼顾工作室研究方向与学员的个人发展特长。④游学取经。别人的风景就是自我改进的最好风暴圈，每一次出发都要围绕一个观察学习的主题进行研讨。⑤教学实战。"赛场就是训练场"，主持人要支持学员参加各项教学比赛，组成备课智囊团一起研课、磨课，赛后一起评课、议课。⑥送课送培。送课送培，示范辐射，是第二个训练场。工作室学员的素质不一样，工作室在策划安排送课展示活动时要做到让每一个学员都有展示和锻炼的舞台。展示能力比较一般的学员，加大课前磨课的力度，同时安排其到相对规模比较小的展示舞台，减轻心理压力；展示能力较强的学员，就把更高更大的平台搭建出来，让他们得到更强的锻炼。⑦带徒上岗。工作室创造机会让学员成为"导师"——一个是结对乡村教师，每个省骨干学员带一到两名乡村教师，当他们的导师。此外，在接收省培项目的时候，工作室学员变身为实践小导师，上示范课，和受训学员备课、磨课，一起评课、议课。在这样大的平台上锻炼，收获是很不一样的。

追求无我、利他的工作境界，"实"字当头，"做"而论道，我认为这是具有岭南人特色的名师工作室文化。

［本文根据广东省新一轮（2018—2020年）幼儿园、中小学名教师、

名校（园）长工作室主持人高峰论坛发言整理］

"三·全语文"实战篇——口才文才训练实探

发现童话语言的规律

——以《小猪变形记》为例

【教学目标】

（1）知识与技能：阅读图书，学习初步阅读图书的方法，了解小猪通过改变自己的形态寻找快乐、幸福的过程，激发阅读图书的兴趣，培养学生丰富的想象能力。发现童话语言的规律，并尝试运用反复的写法，创编（续编）童话片段。

（2）过程与方法：通过讲述、想象、猜测等方法阅读图画书，在阅读中体会，在体会中阅读。

（3）情感与价值：在阅读中懂得做自己，最幸福。引导学生努力做最好的自己，才能获得快乐、幸福。

【教学过程】

一、观察封面，认识作者

看看今天我给大家带来了一个什么故事？（一起读故事的名称）从这个封面，你还读到什么信息？这是英国插画家本·科特创作的一本图画书。这是书的扉页：小猪躺在椰树底下，无聊透顶，他觉得自己做一只猪，一点儿也不幸福，于是，他的脑子里冒出了稀奇古怪的主意，想知道他在想什么吗？那赶快看看吧！

二、分享故事

教师讲述故事，边讲述边与学生互动。（相机处理"炫耀""喷飞""一边……一边""争辩"）

三、概况故事主要内容

（1）喜欢这个故事吗？这个故事主要讲了一件什么事？

（2）相机指导绘本阅读的两种方法：可以先看图，据图猜文；也可以先看文，对比想象自己的图和书中的图。

四、交流，发现语言规律，铺垫创作

（1）我们一起回忆一下：小猪变过哪些动物？

（2）想一想：小猪遇到小动物时，是怎样说的？

（3）你们发现小猪的语言有什么规律了吗？分小组讨论交流后，汇报交流。

（4）小动物们是怎么回答他的？小动物们的语言又有什么规律？直接汇报交流。

小结：小朋友的眼睛真厉害，能够在比较中发现童话语言的规律，能够和同伴讨论交流，找到问题的答案。是的，我们平时看到的很多的童话都使用了反复的手法。请看——（出示PPT）《四季》《拔萝卜》《比尾巴》《谁会飞》《小蝌蚪找妈妈》《植物妈妈有办法》《蜘蛛开店》《青蛙卖泥塘》，这些你读过或者还没读过的童话，都使用了反复的写法。除了反复，我们也发现了"变化"，在反复之中发生变化，是童话创作的第二个特点。

（5）运用：快速阅读《四季》和《小蝌蚪找妈妈》，你有哪些发现？

五、激发学生想象，让学生发挥创作思维，体验创作的快乐

（1）某一天，小猪又想变形了，他想到了一个绝妙的好主意。你们猜，他又想变成了什么呢？（点名说）

（2）小猪会遇到谁？他会说什么？小动物会怎样回答他呢？（提示用刚

才发现的语言规律）（回放PPT）

（3）小结：同学们，你们真了不起，创编了自己的绘本，而且还写得如此生动具体。其实，我们在写作文时，只要抓住人物的语言，把人物的话写出来，你的作文就能写得优美，就能得到别人的赞赏了。

六、总结提升，体会道理

（1）同学们，小猪为什么会觉得当自己最快乐呀？（讨论）

（2）教师小结：是呀，现在小猪再也不会摔倒了，也不会被水冲了，更不会被倒挂在树上了。在泥潭里他想滚多久就滚多久，想怎么滚就怎么滚，多么自由呀！小猪终于懂得了：做自己，最幸福。同学们，让我们也对自己说一声：做自己，最幸福！

投影：做自己，最幸福！

七、拓展延伸

（1）回家后口述给家人，让他们帮忙记录下来。

（2）你还可以配上图画，集体创作新的《班级小猪变形记》。

（3）《小猪变形记》是聪明豆绘本系列中的一本，这套书可好看了，还有《火龙爸爸戒烟记》《乱七八糟的变色龙》《愿望树》等，希望大家都去看看，让越来越多的好书和我们交上朋友。

板书

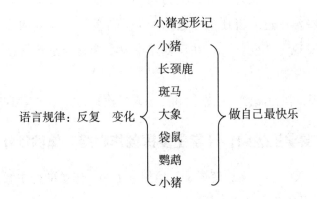

语文知识与价值观引导

——以《蜘蛛开店》（第二课时）为例

【教学目标】

（1）发现、感知童话中"情节反复"的写作方法。

（2）借助"情节反复"的特点，复述课文。

（3）利用"情节反复"的写作特点，续编故事。

【教学过程】

一、导入

一只蜘蛛因为寂寞，因为无聊，要开编织店，它的生意做得怎么样呢？这节课我们去看看。

（1）我们先来读读课文中的这些词语，今天它们已经摘掉了拼音帽子，哪列小火车可以来带读？（课件出示）

商店　决定　编织　终于　围巾　星期　无聊　河马

蹲着　寂寞　口罩　顾客　工夫　长颈鹿　袜子　蜈蚣

（2）用上这些词语，说说课文讲一个怎样的故事：口罩、围巾、袜子、河马、长颈鹿、蜈蚣。

一只蜘蛛因为寂寞无聊，决定开商店。

它先卖（　　　）。（　　　）来买。

蜘蛛织完后觉得太累了，于是改卖（　　　）。（　　　）来买。

蜘蛛织完后还是觉得太累了，又改卖（　　　）。（　　　）来买，把蜘蛛吓跑了。

（3）过渡：到底为什么蜘蛛三次开店都不成功呢？我们再来大声朗读课文，帮它找找原因吧。（板书：蜘蛛开店）

二、梳理写作脉络，精读感悟

（1）在朗读课文的时候，你是不是发现有的句子总是反复出现呢？你能找到它们吗？

（2）生汇报，PPT出示。

就卖口罩吧，因为口罩织起来很简单。

还是卖围巾吧，因为围巾织起来很简单。

还是卖袜子吧，因为袜子织起来很简单。

① 充分读。（你读出了蜘蛛内心的想法。你只是在读文字，加油！该怎么读呢？听老师示范）把这三个句子放在一起，你发现了什么呢？（都使用了相同的句式：卖＿＿吧，因为＿＿织起来很简单）把相同的句子放在一起研究，发现了句子的特点，这收获真大！

现在我们把下面这两个句子放在一起，读一读，你又有什么发现？

比较句子：（表达效果有什么不同？）

卖口罩吧，因为口罩织起来很简单。

因为口罩织起来很简单，所以卖口罩吧。

这两个句子都有"卖口罩""口罩织起来很简单"，老师来朗读，请一个学生来判断，他们表达的感情有什么不一样。

（前果后因。强调后面的"口罩织起来简单"。）（前因后果。强调后面的"卖口罩"。）

所以，以后说话写文章，我们就知道因果关系的句子，后半部分更加起到强调的作用。

用上"因为……所以……"说一句话，试着把这句话换个说法。

② 再齐读

就卖口罩吧，因为口罩织起来很简单。

还是卖围巾吧，因为围巾织起来很简单。

还是卖袜子吧，因为袜子织起来很简单。

"蜘蛛啊蜘蛛，你做生意你只想着＿＿＿＿怎么会不失败呢？"（挑简单的来织）

师：在朗读课文的时候，你是不是发现还有其他句子总是反复出现呢？

你能找到它们吗？

上面写着："口罩编织店，每位顾客只需付一元钱。"

上面写着："围巾编织店，每位顾客只需付一元钱。"

上面写着："袜子编织店，每位顾客只需付一元钱。"

"蜘蛛啊蜘蛛，你做生意只想着_____怎么会不失败呢？"（收费简单）

请同学们看这几段话（出示PPT）。

谁有信心读好第一句？（生：你把"_____"这个词读出了味道，我听出了……河马的嘴巴真的好大）

谁也想读？（生：你把"_____"这个词读出了味道，我听出了……蜘蛛织河马口罩的无奈）（板书）

顾客来了，是一只河马。河马嘴巴那么大，口罩好难织啊，蜘蛛用了一整天的工夫，终于织完了。（河马图）

师：男女生比赛各读一段，看谁读得有感情。女生先来，男生接上。谁来评一评？（"他的脖子和大树一样高""足足忙了一个星期""才""长长的"）（板书）

顾客来了，只见身子不见头。蜘蛛向上一看，原来是一只长颈鹿，他的脖子和大树一样高，脑袋从树叶间露出来，正对着蜘蛛笑呢。蜘蛛织啊织，足足忙了一个星期，才织完那条长长的围巾。（长颈鹿图）

师：第三位顾客来了，我们一起来读好这句：

蜘蛛看到顾客后，却吓得匆忙跑回网上。原来那位顾客竟是一条四十二只脚的蜈蚣！（蜈蚣图）

（生：真是没想到啊！）

"蜘蛛啊蜘蛛，你做生意你只想着____怎么会不失败呢？"（有困难就躲）

这三段话都写了顾客是怎么样的，蜘蛛是怎么织的。如果用示意图来表示，你会选择哪一种？为什么呢？

三、教师小结

蜘蛛开了三次店，遇到三个不同的客人，三次的写法都很相似，这种写法在童话中经常用到，叫"情节反复"。讲故事的时候，抓住反复点，就可以把故事讲得完整、生动。请大家看示意图，同桌两人，单号讲故事，双号

听并评价。（指名一人讲）

现在，你知道蜘蛛开店失败的原因了吗？（三个），你有什么话要对这只蜘蛛讲？（做什么事都有很难做的地方，遇到困难不要躲，要想办法解决。）

四、总结提高，拓展延伸

老师还请来了另一只蜘蛛和小乌龟，请大家去读读它们的故事：《蜘蛛织网》《小乌龟开店》。

蜘蛛织网

一只蜘蛛在织网。它刚织了几下，一阵大风吹来，把丝刮断了。

蜘蛛重新织起来。刚刚织好一半，一阵雨点打来，把网打破了。

蜘蛛不泄气，又从头织。织啊织啊，眼看网快要织成了，一阵冰雹砸下来，把网砸破了。

蜘蛛不灰心，再重新织。织啊织啊，它终于织好了一张又大又结实的网。

蜘蛛高兴地坐在网中间，捕捉飞来的害虫。

小乌龟开店

小乌龟兄妹俩想开一家小店，开什么店好呢？

他们去问大象。大象说："我开花店，可以用长鼻子给鲜花喷水。"

他们去问河马。河马说："我开气球店，可以用大嘴巴吹出最大的泡泡。"

袋鼠妈妈在开什么店呢？袋鼠妈妈告诉他们："我开书报店，把书报装到大口袋里，带上很多很多的书和报纸，走到哪里，卖到哪里。"

小乌龟兄妹很难过："我们没有大鼻子，没有大嘴巴，也没有大口袋，怎么办呢？"小乌龟兄妹很伤心地在森林里走着。

在路上，他们发现很多动物都因为找不到工作而感到难过。于是，他们开了一家动物职业介绍所。嘿嘿，没想到生意还挺不错——你们看，乌龟职业介绍所的门前已经有很多动物来排队了。

狮子可以当警察或保安，青蛙可以当捕虫高手，蜜蜂可以开蜂蜜店卖蜂蜜，长颈鹿可以当消防员。

（1）聊聊结局：谁来讲讲这两个故事讲什么？故事里的这只蜘蛛织网成功了吗？小乌龟开店成功了吗？

（2）你找到反复的情节了吗？

（3）遇到困难不放弃，遇到困难积极想办法解决，就能成功。你能帮助课文里的这只蜘蛛走向成功吗？为《蜘蛛开店》续编下去。

续编故事：（量身定价、价格实惠、免费保养……）

蜘蛛觉得要改变经营方式，生意才能真正做起来。它关起门来想了几天。这一天，它挂出了一个全新的招牌，上面写着："＿＿＿＿＿＿＿＿＿编织店，＿＿＿＿＿＿＿＿＿＿＿＿＿＿＿＿＿＿＿＿。"

河马又来了。它说："我还要给爸爸妈妈织口罩，这是两元钱。"蜘蛛笑着指指招牌说："你看，我的店现在这样收费。"河马拍拍口袋说："没问题！这样收费合理。"

长颈鹿又来了。它说："我还要给＿＿＿织围巾，这是＿＿＿元钱。"蜘蛛笑着指指招牌说："你看，我的店现在这样收费。"长颈鹿＿＿＿说："＿＿＿＿＿这样收费合理。"

蜈蚣又来了。它说："＿＿＿＿＿＿＿＿"蜘蛛笑着指指招牌说："你看，我的店现在这样收费。"蜈蚣＿＿＿说："＿＿＿这样收费合理。"

五、作业

复述故事，续编故事并讲给家人听（注意试着使用情节反复的写法）。

推介校园美景

——四年级综合性学习活动实录及点评

一、激发兴趣，导入新课

师：同学们好，今天，我们一起上一节综合性学习课（板书：综合性学习，提醒"提笔即是练字时"，邀请愿意把字写好的学生帮助完成课堂板书）。这一年来我们学校增加了很多新的建设，校园面貌焕然一新。前段时间，我们围绕校园十景举行过两次投票活动，还记得吗？

生：校园十景海选活动、校园十景征名活动。

师：我们邀请来宾一起看看经过我们广大师生评选出来的校园新十景吧（出示十景PPT：英语文化广场、风雨运动场、运动场、教学楼、江华赋、大堂、白沙文化广场、网球场、游泳池、击剑广场）。咦，你听！（课件：广播站播报征集校园小导游活动）（板书：校园小导游）这是一次难得的锻炼机会，同学们想不想玩一玩？

二、指导导游词的写法

师：导游身上都有两大绝活。大家猜猜有啥绝活？

生：略。

师：导游身上的第一个绝活，那就是"手——会写"！（板书）导游词该怎么写呢？我们先来听一听导游的讲解好吗？（好）

播放十七孔桥的导游讲解。（各位游客大家好！欢迎来到十七孔桥。大家猜猜这座桥的名字为什么叫"十七孔桥"呢？猜对了！大家数数看，这些石柱和小狮子，您能不能数得清呢？现在我们来看看这些石狮子，这一组母子相抱，非常温馨；这一组呢，在玩耍嬉闹，相当顽皮；这一组呢，你追我赶，好像在比赛。大家发现，这些石狮子有没有哪两只是一样的呢？是的，没有！好了，大家数好了吗？告诉大家吧，总共有128根石柱，石狮子大小共544只，真数不过来吧？接下来自由观光，请注意保护文物，不要乱涂乱画。）

师：这位导游介绍的是哪里的景观？

生：颐和园的十七孔桥。

师：四年级的时候，我们学过课文——颐和园。课文是这样描写十七孔桥的（出示课文）（这座石桥有十七个桥洞，叫十七孔桥；桥栏杆上有上百根石柱，柱子上都雕刻着小狮子。这么多的狮子，姿态不一，没有哪两只是相同的。）请同学一起读一读这段话。

生：略。

师：请大家比较比较导游词的写法和课文的写法，有哪些相同的地方？

生：我觉得课文和导游词的相同点是都描写了十七孔桥名字的来历和柱子多、狮子多的特点。

师：嗯，真会比较。请你在黑板上写"特点"两个字。

师：导游词和课文不同的地方有哪些？

生：我认为导游词和课文不同的地方是导游词前面有开场白。

师：你也很会发现，还发现了什么？

生：还有导游词上面加上了警示语、欢迎词。

师：好的，请你也在黑板上板书"互动"两个字。欢迎是互动的一种方式。导游和游客互动交流有很多地方，我们找一找好不好？哪些地方是互动？

生：略。

师：这些是单个景点的介绍，如果是多个景点介绍，同学们还需要注意这些：

（出示：走完长廊，就来到了万寿山脚下。）——这个句子在文章里起到什么作用呢？如果换成导游词里，可以怎么说？

生1：大家好，走完长廊，这里就是万寿山脚下了。

生2：欣赏完美丽的长廊，不知不觉，看，我们来到万寿山脚下了。

生3：美景一波连一波，长廊游览完了，各位游客，我们现在已经来到万寿山脚下啦。

师：你们都是未来的小导游，口才真好，出口成章，给游客带来无限乐趣。接下来，我们就要根据自己做的景点调查资料，独立为自己最想推荐的校园十景中的一景写导游词。

生写导游词，师巡堂指导。

三、点评指导

师：现在，我们来看看这位同学是怎么介绍校园景点的。（展示巡视中发现的存在比较共性问题的作品）咱们班哪位同学朗读最好听？（班长推荐）请你为我们读这一段景点的导游词好吗？

生：略。

师：谁来点评一下这份导游词？我们再请一位写字又快又好的小助手在旁边做笔记。

生：我觉得他还没有把这个景点的特点写清楚，比如，这里有14根柱子，每根柱子上面还有同学们和老师们活动的照片；这里的地面还有羽毛球场和击剑道，可以很好地发挥场地的作用。（学生记录"14根柱子""照片""球场"）

师：你用数据说话，这样会让人感觉特别真实。

生：我觉得还可以加上一些互动的语句。比如，各位老师好，看完充满异国风情的英语文化广场，欢迎您来到我们的风雨运动场。（学生记录"看完""来到"）

师：这样过渡确实听起来非常流畅舒服。

生：我觉得他基本写出了风雨运动场的特点，但是如果还能引用一些用途就好了。比如，太阳太猛烈的时候，刮风下雨的时候，我们照样可以在这里上体育课。每天放学以后，如果爸爸妈妈没能及时来接，我们都会集中在这里安静地看课外书。（学生记录"上体育课""放学后看书"）

师：听了你的补充，我由衷地要说一句：这个风雨运动场用途真大啊！我们再来看看这一份介绍英语文化广场的作品。（展示、浏览）

生：我觉得他的导游词有互动也写出了景点的一些特点，但是观察得还不够仔细。比如，文化广场边上的围墙是由四个英文字母组成的，可以问游客："大家好，请问大家留意到我们的围墙上写着的是什么单词了吗？"（学生记录"围墙单词"）

生：我觉得他还可以描述一下每个卡通人物。比如，大家认识这个吗？对，他就是变形金刚擎天柱！他的见义勇为、除暴安良、行侠仗义深得人心，是我们很多男同学非常崇拜的卡通偶像。（学生记录"变形金刚"）

生：我觉得他还可以再说说那个字母雕塑。比如，大家看，这个字母雕塑是由26个字母组成的，造型别具一格。它告诉我们，所有的英文单词都是由这26个字母组成的，所有的知识都离不开打好基础。（学生记录"字母""打基础"）

师：海纳百川，所以成其为大海。现在，我把这份凝聚了全班同学智慧的稿子还给你，祝你不断进步！

生：谢谢老师，谢谢同学们。

师：现在，相信大家都受到启发了吧，那么请大家再来修改自己的导游词吧，相信你一定能越改越好。

四、修改导游词

师：自己修改完了，就开始和同桌交流吧。轮流念给对方听，再请对方给自己提修改意见。

五、专家支招

师：导游身上的第二个绝活是什么呢？（教师板书：口会说）眼看江华十景小导游面试的日子马上就要到了，老师特意为大家请来了一位专家，教授当众讲话的技巧，请大家留心听。（出示殷亚敏教授照片，讲述：同学们，面试一定要淡定，怎么才能做到呢？送你两个词"三定"和"双舞"。"三定"就是"站定、看定、笑定"，这样你的心就会定；"双舞"就是讲话时尽量有肢体动作，是"眉飞色舞"和"手舞足蹈"，当然，要恰到好处不要过分做作。）

师：站定，就是我们说话的时候，脚底就像生根一样，要站稳站好；看定，就是用眼神和观众交流，眼神虚中有实；笑定，就是面对观众，通过自然的微笑，使情绪得到放松。来吧，拿起我们的导游词，试着练一练，说一说。（学生练习）

六、小导游面试

过渡：小导游面试现在开始。

师：面试马上开始，老师已经为你们准备好背景音乐和图片了！谁是第一个吃螃蟹的人呢？

生1：英语文化广场……

师：掌声已经说明你的实力，祝贺你！江华小导游！

生2：风雨运动场……

师：娓娓道来，介绍得生动传神，祝贺你，又一位江华小导游！

生3：运动场很大，可以打篮球、打羽毛球、跑步，每天很多同学都喜欢在这里玩。

师：看来掌声不是很多，但说明你进步的空间比前两个同学要大！谁来再提一提可以在哪些地方努力呢？

生：我建议他说说运动场到底有多大，如"有200米环形跑道"，还可以说球场里有多少个篮球场、羽毛球场。

师：这是列具体数字来说明球场的大了，这个建议好！（转身对生说）这张导游证我先保管着，等你修改好了再当小导游好吗？

生4：白沙文化广场……

师：祝贺你成为小导游！真光荣啊！看同学们玩得这么开心，老师也想参与一下，同学们欢迎我参加面试吗？那么就请同学们和现场的老师们当评委吧！（欢迎各位来宾到我们小学指导工作，大家现在的位置是我们学校的网球场。我们是网球特色学校，一共有两个标准的网球场。中国网坛的五朵金花都来过我们学校指导工作。看这一幅照片，就是她们来我们学校时的合影。我们的胡老师就是专门教网球的，她打网球可厉害啦。来宾们有兴趣的话，可以来一场友谊赛哟。好，请大家继续往前参观，小心路面的鹅卵石哟。）

生：略。

师：谢谢同学们的厚爱！青出于蓝而胜于蓝，我相信还有更多的同学说得比我好。

七、课堂总结，拓展延伸

师：感谢同学们为推介母校贡献了这么多智慧。生活处处皆语文，用敏锐的双眼去发现，用勤奋的态度去学习吧！你们的本领将越来越多，越来越大。

推荐阅读：

（1）余秋雨《行者无疆》。

（2）迪斯尼乐园的路线设计。

【广东省外语艺术职业学院公共管理学院张燕教授点评】

这节综合性学习课目标明确、环节清晰、课堂气氛融洽和谐、富有特色。教师不单纯传授书本知识，而是学生活动的指导者和帮助者；学生不再被动地接受知识,他们主动地选择感兴趣的内容进行学习,并在实践中学会了学习。

一、把课堂还给学生

在这节课中,教师的话语不多,寥寥数语起到衬托、引导、画龙点睛的作用。整堂课学生学得主动,说得高兴。我耳畔回响的不是老师富有激情、高亢的声音,而是学生欢乐、稚嫩的话语,学生真正成了课堂的主人。当一个小组汇报完活动方案时,教师适时引导学生评价、交流、讨论,体现了教师是学生学习活动的组织者、引导者、合作者的角色转变。

二、活动评价贯穿始终

教师灵活地根据活动的形式和内容,使用多种评价方式,使评价及时、有效,起到引领教学的作用。

三、方法指导润物无声

黄老师执教的这节课除了了解学生在课外了解到的情况,还对学生进行了润物无声式的方法指导。比如,在课中教师向学生展示了一段学生介绍的音频作为范例。这一教学环节的设计一来激发了学生的兴趣,音频是学生最感兴趣的;二来也向学生介绍了活动开展情况;最重要的是在不露痕迹之中向学生介绍了另一种研究的方法。

四、着眼学生长远发展

创新精神和实践能力的培养是综合性活动的一大价值,而今天的课就很好地体现了这一点。形式多样的活动设计与安排,不仅丰富了学生学习的内容,培养了学生的各种能力,更让学生感受到了学习不是痛苦的,而是快乐的、幸福的。从这点来讲,这样的课堂也发展了学生终身学习的愿望。我们很清晰地看到四年级的学生在老师的带领下,各种能力得到提升。

读出语文味

——《威尼斯的小艇》教学设计

一、文本解读

《威尼斯的小艇》生动地描绘了威尼斯主要的交通工具——小艇的特点，介绍了船夫的驾驶技术及小艇的作用，展示了这个水上城市特有的风光。

二、目标

抓住"小艇的样子奇""小艇的作用大""船夫的驾驶技术好"理解课文，通过朗读，让学生在读中理解、读中感受、读中想象，在欣赏水上名城迷人风光的同时，充分利用图片和多媒体课件辅助教学，丰富了学生的想象力，陶冶审美情趣。课中小练笔是学生迁移内化写作方法的过程，促进学生写作能力的提高。

（1）学会本课生字，认识生词。

（2）朗读课文，练习背诵课文2、3、4自然段。

（3）认识小艇的样子，感受船夫驾驶技术的高超，了解威尼斯美丽独特的风情。

（4）了解小艇的同威尼斯水城的关系，领会抓住事物特点写的表达方法。

重点：了解小艇的特点及它同威尼斯水城的关系，学习作者是怎样抓住特点描写事物的。

引入"比喻连用""扫视朗读法""动形数朗读"等学法，引入以具有代表性的事物作为介绍一个地方的写法，读写结合，强化"总分结构"写法。

三、教学过程

1.激趣引入，揭示课题，望"名"生义

（1）说起北京，你们会想起——万里长城、故宫；说起埃及，你们会想起——金字塔、木乃伊。说到世界上最有名的水上城市——威尼斯，人们又

会想到什么呢？（生）板书：威尼斯

（2）板题，读题。

① 指导书写"艇"。

② 课题是文章的眼睛，读了课题之后，如果让你来写，你打算写些什么内容呢？

学法指导：读前先思。

2. 初读课文，整体感知

（1）请同学们自由地、大声地朗读课文，读正确、流利，注意生字词的音、形、义。

（2）想一想：文章围绕小艇写了哪些内容？

3. 检查自学，小结学法

（1）检查生字词。

（2）马克·吐温在这篇文章里写了哪些内容？

学法指导：我们看书的时候，不妨望"名"生义，猜想一下作者会写些什么。如果自己来写，会写些什么？看完后回头想想，自己的想法和作者的写法有什么不同，对我们今后写作取材布局会很有帮助。

4. 欣赏"样子"，学习连续比喻

马克·吐温为了更形象地描述小艇的样子和特点，使用了什么修辞手法？

你喜欢这种独特的小艇吗？能通过朗读告诉大家，你有多喜欢吗？

写法指导：这种抓住同一事物几个不同的特点，分别用人们熟知的事物来做比喻的写法，能够让读者产生如见其物的感觉。

练笔：柑普茶，是用新会柑的皮包着普洱茶做成的，拿出一个柑普茶来，捧在手上，圆圆的，就像_____（形状）；仔细瞧那"圆球"，深褐色的外皮犹如非洲人的皮肤；闭上眼睛深呼吸，一股幽香沁入心脾，仿佛_____（香味）。

让我们回到文中，再一起来感受马克·吐温先生的美妙文笔。（齐读）

5. 感受"情趣"，指导朗读

坐在如此与众不同的小艇中，两岸是迷人的风光，马克·吐温和他的朋友们有什么感受呢？（生读）

朗读指导："读得好，有法宝，动形数，跑不了。"

6.感受"技术"高超，领悟总分写法

（1）在介绍船夫的驾驶技术时，马克·吐温先生用了一种我们很常见的写作结构，你发现了吗？（总分结构）

（2）指导完成学习表格。

学习表格

总起：驾驶技术特别好	1. 速度极快、船只很多	毫不手忙脚乱
	2. 不管怎么拥挤	总能……
	3. 极窄的地方	总能……而且……还能
	4. 飞一般倒退……不知看哪一处好。（侧面写）	

（3）随文理解"操纵自如""手忙脚乱"等词语。

（4）引读，因为船夫的驾驶技术特别好——"在什么情况下船夫表现怎样？"

（5）朗读指导："扫视朗读法"。当你是为别人朗读的时候，既能关注听众，也能锻炼目力，还能练习背诵。我们来试试好吗？（齐读）

7.写法引导

学到这里，我想问同学们以下说法对吗？

（1）本文主要介绍威尼斯的小艇。（　　　）

（2）本文通过威尼斯的小艇来介绍威尼斯这个城市。（　　　）

学法指导：选取一个地方最富有特色的事物进行介绍，借此事物展开对这个城市的介绍，这是一种很有趣的游记的写法。

8.作业

背诵第四段。

板书设计

威尼斯的小艇
- 地位　主要
- 样子　长、窄、深，翘起，轻快灵活
- 感受　情趣
- 技术　高超
- 作用

领悟语言的魅力

——以《穷人》教学为例

一、复习导入

通过上一节课的学习，我们把课文分为……（生：三段）用小标题概括为……（生……）课文中讲了哪几个穷人？（生答略，师完成相关板书）

师：让我们随着托尔斯泰的叙述，走进桑娜的家，感受当时俄国劳动人民的贫苦，感受贫苦背后的感动吧！

二、读通课文，质疑疏通

师：（出示学习要求：快速阅读，遇到不懂的地方做好笔记）请快速阅读课文，准备提出问题。（生读书）

师：谁有疑问？

生：桑娜一家已经那么贫穷了，为什么他们还要收养西蒙的孩子？

生：为什么把孩子抱回来以后，桑娜那么忐忑不安？

生：渔夫听到西蒙的死讯，为什么脸上的表情会严肃、忧虑？

生：桑娜为什么认为把西蒙的孩子抱回家是"非这样做不可"的事情？

生：为什么天气这么恶劣，渔夫还出去打鱼？

生：我想知道"张罗"和"忐忑不安"是什么意思？

师：这个问题谁可以回答？

生："张罗"就是照顾的意思……

师：你是怎么知道的？

生：我预习时查词典知道的。

师：很好，查工具书是弄懂词语意思的一个方法，如果手头上没有工具书，你会用什么办法？

生：我会联系上下文理解词语。

师：对，联系上下文理解词语是最便捷的理解词语的方法。谁能马上用这个方法理解"忐忑不安"的意思？

生：就是心神不宁的意思。

师：还有问题吗？

生：渔夫对桑娜说"我们总能熬过去的"，用"熬"字说明生活艰难，既然要"熬"为什么还要收养呢？

师：一个"熬"字能想到这么多，你已经读进去又想开了。同学们提的这一个个问题，正是《穷人》感动无数读者的原因。让我们带上这些思维的火种，找出文中感动我们的句子，来解开心中的谜团吧。（出示学习要求：找出感动你的句子，在旁边写写感动你的原因）

三、精读课文，感悟穷人的"穷"

1. 学生读书

（略）

2. 汇报交流

师：为了使汇报过程更有条理，建议同学们按照分好的段落顺序进行汇报。

生：（第2节）"桑娜沉思：丈夫不顾惜身体，……不过，感谢上帝，孩子们都还健康。没什么可以抱怨的。"桑娜那么穷，可是她却不抱怨，对比我们身边的一些人，我就很感动。

生：桑娜一家实在是太穷了，每个人都努力去赚钱，可是还是不够用，但是她却只要家人健康就满足了，要求这么低。

师：桑娜勤劳却贫穷，桑娜贫穷却知足，穷人对生活的知足确实让我们每一个人感动。我们一起来读好这一段话。

生：（读）

师：我们继续交流。

生：（第4节）"寡妇的日子真困难啊！……进去看看吧！"她这么穷，还想着别人，还想着关心邻居，我很感动。

师：你有一颗敏感而细腻的心啊，谁能通过朗读来表现这样一种感情？

生：（读）

师：注意这段话里的两个词（出示"困难""难过"），译者在这里使用了一对近义词，这是为什么呢？

生：避免用词重复。

师：是的，使用近义词可以使文章词汇更丰富，更有表现力。我们再来感受一下这一段的描写。（齐读）

师：还有哪些句子也感动了你呢？

生：（第7节）"她头往后仰着……从稻草铺上垂下来。"可以看出西蒙多么爱她的孩子呀，就是要死了，也要照顾孩子……

生：我想，西蒙是要给她的孩子拉拉盖在身上的衣服，压紧，防止翻身的时候衣服盖不到身体着凉了。

生：我想西蒙是想把孩子搂过来，通过自己的温度去温暖孩子。

师：是"体温"。这双从稻草铺上垂下来的苍白僵硬的手，是一双慈母的手，你们想得都合理！同一个文本，不同的读者会有不同的想象不同的感受，都是允许的。

师：我们继续交流。

生：（第8节）"桑娜用头巾裹住……觉得非这样做不可。"桑娜连自己为什么要这样做都不知道就把孩子给抱回来了，而且觉得是非这样做不可的，她多么善良啊！

师：对的，这是一种善良的人才有的本性。谁来读出这种善良？

生：（读）

师：读得多好啊，你一定有着和桑娜一样善良的本性。同学们有过非做不可的经历吗？谁来用"非……不可"说一句话？

生：他是今天的值日生，他非把教室打扫干净不可。

生：他的鞋子破得实在穿不下了，非买一双新的不可了。

生：还有两个月就考升中试了，我非考进景贤小学不可。（众人笑）

师：看来你迫切地要"留学"啊。要考取景贤中学非常困难啊，你是个有志气的孩子。当然，即使考不上也不要气馁，人生还有很多的机会与选择，关键是我们要把握好每一个机会。

师：其实，刚才第7节还有很多感动我们的话，刚刚的同学跑得太快了，我们回头来再看看。

生：（第7节）"就在这死去的母亲的旁边……他们睡得又香又甜。"母亲死得那么悲惨，孩子睡得那么香甜，我读着很难受。

师：谁还有话想说？

生：孩子们睡得那么香那么甜，可以想象出，西蒙生前是尽自己最大的能力去把孩子照顾好了，可是她却被贫穷和疾病带走了……

师：你能读出你所感悟到的情感来吗？

（生读，平淡）

师：谁来评价他的朗读？

生：他读得还不够有感情，感觉不到西蒙对孩子的爱。

师：怎样才能读出情感来呢？每个句子里都藏着一只"眼睛"，找到它，读好它，感情就出来了。这一句里"自己的衣服"和"旧头巾"要注意读好，我们试试一起读。（生齐读）

师：孩子的呼吸（引读：均匀而平静）……他们睡得（引读：又香又甜）……显然（引读：母亲在临死的时候，用……小脚），显然（再引读：母亲……他们睡得又香又甜）。他们也许还做着美梦，他们却不知道，深爱着他们的母亲在献出最后一丝爱以后，已经永远离开他们了，尽管千般不舍万般无奈，母亲还是离去了……他们睡得那么香，那么香……（引读"显然……"）。

生活可以让人贫穷，却无法遮挡母爱的光辉！

师：好，继续我们的感动之旅。

生："桑娜脸色苍白，……揍我一顿也好！"她宁愿被丈夫揍也要收养孩子，她的善良和勇敢让我感动。

生：桑娜其实也是普通人，她也害怕被打，也后悔了，但是她后来还是坚决地要收养两个孩子。我被她的坚强感动了。

师：你从哪里知道她害怕？（生略）从哪里看出她后悔？（生略）从哪里知道她下定决心了？（生略）

师：这一段心理活动的描写真实地再现了一个贫穷女人的心理斗争，谁能读好？

（生读，感情略欠）

师："是他来了？不，还没来。"先前为丈夫深夜未归而心惊肉跳，此时却害怕丈夫回来，这是为什么？

生：害怕丈夫不理解不接受两个孩子。

师：所以，这八个字要读出先是害怕，然后又放松下来的效果（示范）。好，一起试试。（生齐读）

师：这次读好了。老师想配乐朗读一次给大家听。（配乐示范朗读整段，学生沉浸其中）也许，音乐会给你灵感。来，我们也来读一读。（学生配乐朗读整段）

生："渔夫皱起眉，……别等他们醒来。"从渔夫的表情可以知道，收养孩子对于他一家来说不是件小事，但是渔夫宁愿自己受苦，也要去照顾两个可怜的孩子，我很感动。

生："熬"这个字用得好，生活要"熬"，说明日子很不好过，可是渔夫仍然要收养孩子……

师：你很会读书。（出示句子，比较"熬"与"挺""挨"，领悟其妙处）

生：（略）

师：是啊，孩子孤苦无依是个大问题，生活艰难又不得不让人忧虑。但是，好一个"总能熬过去"，这是个真正的男子汉！让我们读出这个贫穷的男人的责任感吧！

小结

终日劳碌，却只能勉强温饱，他们是……（引读）（师指）穷人；仅能用旧衣服旧头巾为孩子保暖，他们是……（引读）（师指）穷人；为收养两个孩子而担惊受怕，而严肃忧虑，他们是……（引读）（师指）穷人；正是这些穷人的"穷"（板书"！"）感动了我们。

四、深情朗读，演绎穷人的"美"

1. 有感情地朗读

有感情地朗读是深入领悟文章的好方法，请根据"大导演"的经验指导，在组内分角色合作朗读12～27小节，组长负责分配好角色。（出示朗读指导，学生练读）

"导演"的话：

（1）注意标点停顿；注意叹词的不同读法。

（2）注意"哦"的读法：

13节"哦（ò），是你！"（惊讶）

15节"哦（ò），鱼打得怎样？"（醒悟）

23节"哦（ó）？什么时候？"（吃惊）

24节"哦（ò），我们，我们总能熬过去的！"（决心、醒悟）

（3）注意"嗯"的读法：

24节"嗯（èng），是个问题！"（肯定）

24"嗯（éng），你看怎么办？"（疑问）

2. 指名表演

（1）指名表演朗读12～20节，师当解说员，生评议。

（2）指名表演读21～27节。

师：语言表演艺术的最高境界是完全可以通过声音塑造一个世界。

只给你们音乐，不配解说，行吗？

（生表演读，略）

生评议（略）。

五、升华主题，揭示穷人不"穷"

师：同学们读出了穷人的贫穷，读懂了穷人的艰辛，但是，穷人真的就只剩下贫穷了吗？（板"？"）

生：他们有爱心，有同情心，他们有美德。

生：他们勤劳能干，他们宁愿自己受苦，也要帮助别人。（师板书"宁愿……"）

师：他们是穷人！他们更是富人！（板书"富人"）愿生活在21世纪新中国的你和我，愿不再与贫穷结缘的每一个人，都能成为完完全全的富人！

六、拓展续写，延续爱的故事

师：让我们展开想象，延续这个美丽的穷人的故事。

注意：

（1）要凭借原文事实合理续写。

（2）叙述风格与原文一致。

（3）叙述人称不能改变。

师：我们把这个美丽的故事延续到课后，晚上完成，明天我们交流。

【广东省江门市蓬江区中小学教学研究室陈惠莺点评】

《穷人》是一篇语言很生活化的文章，情感非常细腻。条分缕析式的切割、讲解不适合它，它是适合读的文章，是适合反复读的文章，千种感慨万般思绪，都只能在读中像高原积雪一样慢慢地消融、浸润。

这节课有两大特色，一是"读"。

读得巧妙。教师在情感深沉处让学生读（读西蒙的死，感悟母爱的伟大），在情感激荡处让学生读（读桑娜的不安，读桑娜的内心争斗，感悟人间的大爱），在情感留白处让学生读（读渔夫的憨厚，读渔夫的大义）。教师每次都使用非常巧妙的引导语，让学生读得不由自主，读得入情入境。

读得积极。教师调动学生读的积极性做得非常好，读的形式多样，每个学生都有开口读的机会，创设很多的机会让学生在读中提高。

读得有效。每次的读都有明确的目的，有的是感悟，有的是深化，有的是体会遣词造句。教师的点拨、教师的示范让学生在一次次的读中沐浴人性的美。

第二个特色是设计精妙。复习导入到—读通课文，质疑疏通—精读课文，感悟穷人的"穷"—深情朗读，演绎穷人的"美"—升华主题，揭示穷人不"穷"—拓展续写，延续爱的故事，整个教学流程的设计流畅，主线明朗，一气呵成。尤其是揭示穷人不"穷"一处，更是一个亮点。沙俄时代下层劳动人民的苦难是本文要表达的一个方面，这些苦难的人民却有着金子般的美好心灵，他们在不可逆转的命运面前，硬是用善良的天性把苦嚼出"甘"味来，而这，也正是作者要颂扬的。教师在分析教材的时候能够以穷人不"穷"这一话题引入感悟，着实高明。

在最后的续写环节，教师以"延续爱的故事"为题，明确了续写文也应是以"爱"为中心的，这样安排，既与原文的主旨、教学的环节相衔接，也避免了一些学生写出偏离原文主旨的续写文，比那些在学生完成习作后做"秋后算帐"的安排要省时省事多了，这也是课改中提到的教学效益问题。

总体说来，这一节课做到了以学生主体感受为主，通过教师的艺术性课堂语言，引导学生在读中感悟升华，是一节成功的阅读教学课。

读出人间美

——以《跨越百年的美丽》（第二课时）为例

一、复习导入

同学们，能准确读出这些词语吗？（生读）请把它们放进句子里，回顾上一节课的学习内容。（生齐读）居里夫人给你的最初印象是什么？（美丽、庄重）

过渡："最是人间留不住"，美是经不起时间考验的。可为什么居里夫人的美却能跨越百年呢？请快速浏览3～5自然段，找出最能回答这个问题的句子。

二、快速浏览课文，找相应句子

（1）学生回答（用"之所以……是因为"）。

课件出示句子：玛丽的性格里天生有一种更可贵的东西，她坚定、刚毅、顽强，有远大、执著的追求。玛丽·居里几乎在完成这项伟大自然发现的同时，也完成了对人生意义的发现。

师：容貌的美丽只是短暂的，能够跨越百年永恒不变的，是居里夫人品格之美。齐读。（找到"可贵的性格""高远的追求""这项伟大的自然发现"具体指什么。"人生意义"留待后段解决）

（2）课文哪一部分写了镭的发现过程？（第3段）（学法指导：列举具体事例说明问题）

三、学习第3自然段

（1）请同学们自由朗读第3自然段，找出体现居里夫人坚定、刚毅、执着之美的句子。

（2）汇报。

句子一："就像是在海滩上捡到一个贝壳，别人也许仅仅是把玩一下而已，可居里夫人却要研究一下这贝壳是怎样生、怎样长、怎样冲到海滩上来的。别人摸瓜她寻藤，别人摘叶她问根。"

① 汇报要点。（善于发现问题，不断探究问题的执着精神，运用对比的方法）

② 师生共读——引读。（师：是的，放射性的发现，居里夫人并不是第一人，别人却没有像居里夫人这样有善于发现问题、探求问题的科学精神。让我们一起通过朗读来体会）

句子二：为了提炼纯净的镭，居里夫人搞到一吨可能含镭的工业废渣。他们在院子里支起了一口大锅，一锅一锅地进行冶炼，然后再送到化验室溶解、沉淀、分析。化验室只是一个废弃的破棚子，玛丽终日在烟熏火燎中搅拌着锅里的矿渣。她衣裙上，双手上，留下了酸碱的点点烧痕。（课件出示）

抓住重点词句来理解，汇报要点：工作环境恶劣、条件艰苦、工作时间长，劳累、有烧伤的危险、有面临失败的可能、持之以恒……

（1）看视频（师：一锅一次只能冶炼20公斤，就这样一锅一锅地经过了几万次的提炼……下面就让我们一起走进那个年代，目睹居里夫人的工作情景，好吗？）

（2）看到这儿，你有什么话想对居里夫人说吗？（伟大、感动、了不起……）

（3）条件的艰苦、失败的风险，我想不仅仅是失败，而且还可能会面临外界的压力，你看，一个月过去了，镭的半点影子都毫无动静，她的邻居看着蓬头垢面的终日在烟熏火燎中忙碌的居里夫人，她摇着头说……（随意一名学生——预设：唉，你别瞎折腾了，好好管好自己的家吧）她放弃了吗？因为她……（坚定、刚毅、顽强，有远大、执着的追求）

一年过去了，镭的半点影子都毫无动静，她的朋友看着蓬头垢面的终日在烟熏火燎中忙碌的居里夫人，都暗地里议论说……（随意一名学生——预设：她真可怜啊！明明是没有希望的事情，到底这是为什么呢？）她放弃了吗？因为她……（坚定、刚毅、顽强，有远大、执着的追求）

三年过去了，镭还是半点影子的动静都没有，她的同事、路人看着蓬头垢面的终日在烟熏火燎中忙碌的居里夫人，都远远地指着她评头品足说……（随意一名学生——预设：她真是想得奖想疯了，足足三个年头了，什么希望都没有，她也许是真的疯了……）她放弃了吗？因为她……（坚定、刚

135

毅、顽强，有远大、执着的追求）

（4）朗读。（师：让我们再好好地读读这段话，感受她的美丽吧）

句子三：经过三年又九个月，他们终于在成吨的矿渣中提炼出了0.1克镭。

①生读出，师出示，师范读。

听老师读，你听出了什么？（漫长、不容易、喜悦）

②指导朗读。

（师：居里夫人就这样把自己全部的青春、全部的信念、全部的生命融入了科学事业，融入了这小小的0.1克镭中。这就是……生齐读：跨越百年的美丽），这是一种……勇于探索，坚定执着的美丽（板书）。让我们一起用朗读来体会数字的魅力。（生齐读句子）

四、学习其他两个精神（献身科学、淡泊名利）

在发现镭的同时，居里夫人也完成了对人生意义的发现，让我们在4~5自然段中寻找让我们感动的句子，一起来体会她永恒的美丽吧。

1. 献身科学

句子：在工作卓有成效的同时，镭射线也在无声地侵蚀着她的肌体。她美丽健康的容貌在悄悄地隐退，逐渐变得眼花耳鸣，浑身乏力。皮埃尔不幸早逝，社会对女性的歧视，更加重了她生活和思想上的负担。但是她什么也不管，只是默默地工作。

（1）生汇报，出示：为科学事业牺牲身体，坚强面对生活和思想上的负担。

（2）师补充：镭是一种带有剧毒的物质，可为了人类幸福，居里夫人完全不顾惜身体，一个女人最看重的美貌没有了，但她（引读）……什么也不管，只是默默地工作。这是因为她有着（引读）……坚定、刚毅、顽强的性格，有远大、执著的追求。

我们人生最看重的健康也逐渐在她身上隐退了，但她（引读）……什么也不管，只是默默地工作。这是因为她有着（引读）……坚定、刚毅、顽强的性格，有远大、执著的追求。

志同道合的丈夫因为突发的车祸撒手人寰了，但她收拾心情藏起悲伤后，依然是（引读）……什么也不管，只是默默地工作。这是因为她有着

（引读）……坚定、刚毅、顽强的性格，有远大、执著的追求。

生活上，她一个人支撑着整个家；社会上，人人都在说科学永远不是女人可以触碰的事情，但她（引读）……什么也不管，只是默默地工作。这是因为她有着（引读）……坚定、刚毅、顽强的性格，有远大、执著的追求。

由于长期提炼镭，居里夫人不幸得了白血病，67岁便与世长辞了。这是一种怎么样的美丽？（板书：献身科学）

（3）指导朗读。（请用我们最真诚的态度，读出我们对这位为了人类幸福勇于献身的美丽女人的敬意）

（4）这种献身科学的精神使居里夫人从一个漂亮的小姑娘变成了什么？（出示句子：这是一种人生价值的提升，是生命境界的飞跃，是美的极致体现）在这样的一块里程碑上，你会刻下什么文字？（最美丽的女性，坚定、刚毅、顽强的女性，镭的母亲……）

2. 淡泊名利

句子：她一生共得……玩具。

（1）生谈感受。

（2）师：面对如此巨大的成就，居里夫人却是视名利（引读）……玩具——这是一种淡泊名利的美（板书）。

你能说说居里夫人发现的人生意义是什么吗？（人生的意义并不在于追求年轻貌美、金钱、名利、地位，而在于为科学做出贡献，为人类做出贡献）

能不能告诉我，你认为的人生意义是什么呢？（生自由发言）

3. 理解爱因斯坦评价

句子：在所有的世界著名人物当中，玛丽·居里是唯一没有被盛名宠坏的人。

（1）所以，爱因斯坦这样评价居里夫人说："……"

（2）师：（出示句子）此时此刻，我们能够读懂居里夫人的美能够跨越百年是因为……读句子，是因为……读板书：勇于探索、坚定执着、献身科学、淡泊名利。

五、总结延伸

有人说过这样一句话，"道德常常能够填补智慧的缺失，而智慧却永远填补不了道德的缺陷"。道德与智慧集于一身的居里夫人逝世后，她的好友爱因斯坦为她写下情深意切的悼文，请回去阅读"阅读链接"，写写读后体会。

板书设计

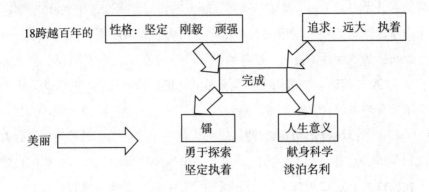

【教后反思】

《跨越百年的美丽》录像课，上的是第二课时。我以第4段中的中心句为突破点，然后通过两个"发现"分解为"镭的发现"以及"人生意义的发现"两个部分。两个部分都采用"寻找居里夫人跨越百年之美"为主线，突破重点句子的体会，通过引读、分角色读、配音阅读，以及播放视频激发情感等方式，让学生在读中体会居里夫人永恒的美。

这节课的设计，我认为板书是一大亮点。我通过"导航图"的方式，在学生对中心句有初步认识的基础上，通过引入"导航图"的概念，指导学生完成板书在黑板上的"半成品"导航图，让学生在最短的时间内把握住了整篇文章的脉络。

创设各种情境引导学生反复诵读，是本课设计我要努力营造的第二个亮点。通过层层递进的情境语引导，通过视频重现"提炼"的情境，通过让学生说出心底最颤动的感受，让学生减轻了对"读"的恐惧，降低了"读"的难度，产生了"读"的愿望，整堂课书声琅琅。

鼓励学生"敢说""愿说"是本课我要努力打造的第三个亮点。高年级学生开始有害羞心里，想赢怕输，很多时候心里有了答案，可就是没有勇气当众表达。培养学生的说话能力，平时的课堂教学教师就要随时注意鼓励，还要想很多点子促使他们愿说。就这一节课而言，我在布置预习的环节，提出要求：把自己对文章中感受深刻的句子，写好自己的体会。我一直相信，有所准备的仗才会是打得漂亮的胜仗，所有的出口成章都源自事前大量的准备。因为预习很充分，这节课很多学生的发言都能做到侃侃而谈。那些教师一言堂的现象，完全可以通过这样的方式得到改变。在学生表达完观点后，我一定会给出即时的评价，学生会从中得到难以想象的鼓励的力量。如学生在表达完她对于居里夫人人生意义的评价后，我对她的发言进行了评价：我觉得，你也是今天课堂上最美丽的女同学之一。她很高兴很自豪地坐下去了，然后整节课，这个女同学都非常积极地举手。

但是，也有很多不足之处。因为是录像课，学生和我都做了很大量的准备工作，也因为是录像课，所以彼此在镜头下都不太能发挥出本色，会纠结于一两句话的流畅性而觉得不完美。力求公开课常态化，做到挥洒自如，是我所要努力的。

有些文章只需"读"

——以《这片土地是神圣的》为例

一、谈话导入

知道"神圣"是什么意思吗？（极其庄严、圣洁，不可侵犯）你所知道的神圣的事物有哪些？（生）今天，我们走进这样一片土地，她——也是神圣的（完成课题板书）。

轻声读读题目，你想了解什么呢？（这片土地指哪片土地？这话是谁说的？他对谁说？为什么要说？他为什么认为这片土地是神圣的呢？……）

二、了解背景

展示搜集资料，全方位了解写作背景。

师：这篇文章被誉为有史以来在环境保护方面最动人心弦的演说，至于进一步的资料，老师想听听大家都已经通过课外预习知道了什么。（学生汇报资料）

了解文章写作的背景，能够帮助我们更好地理解课文。（展示教师准备

的资料）

19世纪50年代，"华盛顿特区"的白人领袖想购买美国西北部的印第安人领地。本文是根据当时印第安人酋长西雅图的回信编译的。西雅图对白人很友好，为了纪念他，美国西北最大的海岸城市命名为西雅图。白人居民还在他的墓地上树起了纪念碑。

三、整体感知，认识字词

读准生字，能够让我们在朗读时更流利有感情。

学习字词：

第一组：潺潺、嗡嗡。

生读，注意纠正"嗡嗡"的读音。这两个都是什么词？（生）这两个词，通常是形容什么的呢？你还能说说还有哪些词是象声词吗？

师范写"潺"。

第二组：松脂、麋鹿、骏马、雄鹰。

读了这四个词，你又仿佛闻到了？看到了什么？（指名范写，师提示："鹰"要写得好看不容易，须仔细观察，注意笔画的大小变化）

第三组：婴儿、眷恋。（指名范写眷）

看到婴儿、眷恋，你会立刻想到谁？（板书：母亲）你能说说"眷恋"的意思吗？用近义词的方法。

四、初读课文，理清脉络

快速读懂文章的方法有很多，有一种很好用，想知道吗？（生）那就是——给文章分段。这相当于你在一个陌生的城市得到了一张地图。（课件出示分段提纲）请大家浏览课文，根据提示给文章分段。

理清条理，我会分段：

第一段：总写这片土地的每一个部分都是神圣的。（　　　）

第二段：西雅图酋长对白人的强烈要求。（　　　）

第三段：阐述了人类和大地的关系。（　　　）

学生交流分段情况。

五、感受神圣

看图片，入情朗读感受"神圣"。

（1）师：有了这张"地图"，大家想看看西雅图酋长眼中的这片神圣的土地吗？让我们穿过时空隧道，来到19世纪50年代的美洲，共同来欣赏她的神圣与壮美吧！

放幻灯片解说。（教师配课件朗读1~3自然段）

（2）声音也是一支画笔，能描画出美丽的画卷。你最喜欢哪些语句？请画出来，自己试着像老师那样读出感情来。（学生自由读）

（3）交流表现"神圣"的词句。

① 对我们这个民族来说，这片土地的每一部分都是神圣的。

（"我们这个民族"——印第安人，演讲的原文中自称为红人。）

② 我们是大地的一部分，大地也是我们的一部分。

（这句话充分地表明了人类与大地不可分割的关系，也预示着这片神圣的土地对于我们有多么重要。）

③ 我们和大地上的山峦河流、动物植物共同属于一个家园。

（这个家园就是我们共同生活的地球。这句话再一次表明了人类与大自然紧密相连的关系。）

④ 比较句子。

沙滩、耕地、山脉、河流、松针、昆虫、薄雾、白云，都是圣洁的。

每一处沙滩，每一片耕地，每一座山脉，每一条河流，每一根闪闪发光的松针，每一只嗡嗡鸣叫的昆虫，还有那浓密丛林中的薄雾，蓝天上的白云，在我们这个民族的记忆和体验中，都是圣洁的。

（原文写法更能突出西雅图以及所有印第安人对他们所生活的大地的热爱。虽然这个句子不如原文优美，但是，它能帮助我们快速记忆，谁能根据这个句子还原出课文中壮美的西雅图大地的景色？）（学生练习，试背）

引读：是啊，我们是大地的一部分，大地也是我们的一部分。青草、绿叶、花朵……（是我们的姐妹），麋鹿、骏马、雄鹰……（是我们的兄弟）。树汁流经树干，就像……（血液流经我们的血管一样）。我们和大地上的山峦河流、动物植物……（共同属于一个家园）。

六、理解"转让"

过渡：印第安人是多么热爱他们所赖以生存的这片土地啊！既然如此深爱，既然如此神圣，为什么他们又愿意放弃，愿意转让呢？请同学们再看一组资料：

印第安人是美洲原住民，他们相信万物有灵，敬畏大自然。但是，自16世纪起，印第安人开始遭到欧洲殖民者的摧残和杀戮。

1783年，美国独立以后，开始把印第安人驱逐出祖居地。

1830年，美国政府通过法案，规定印第安人要全部迁往偏僻贫瘠的保留地，实行种族隔离和迫害。

1848年，在加州发现黄金后，爆发欧洲白人与印第安人争夺土地的长期战争。

19世纪50年代，美国总统致信印第安首长西雅图，要购买其领地。西雅图予以回信。后来印第安领地被白人收购。

此时，你都读懂了伟大的西雅图酋长了吗？

师：是啊，为了不再让鲜血四流，为了不再让生灵涂炭，为了不再让战火蔓延，为了不再让地球母亲哭泣，印第安人忍痛放弃这片神圣的土地。

孩子们，此时此刻，作为印第安酋长的西雅图最想对收购这片神圣土地的白人说些什么呢？请同学们用心默读课文4～8段，画出最能体现西雅图心声的句子。

（生默读课文，师巡视。）

师：好，谁来说说？

生：如果我们放弃这片土地，转让给你们，你们一定要记住：这片土地是神圣的。

师：你为什么认为这句最能体现西雅图的心声？

生：这句话在课文中反复出现了三次，我想它最能体现西雅图的心声。

师：明明是最深爱，却又不得不放弃，你的心情会怎样？

生：难过。

生：不舍。

生：无奈。

师：说得好，这是深深的无奈啊孩子们，请深深地无奈地读……

（生有感情地朗读："如果我们放弃这片土地，转让给你们，你们一定要记住：这片土地是神圣的。"）

（师深情再读："如果我们放弃这片土地，转让给你们，你们一定要记住：这片土地是神圣的。"）

师：这是西雅图对白人的……

生：叮嘱。

师：是啊，是沁入人心的叮嘱，请带着这份叮嘱读……

（生有感情地朗读："如果我们放弃这片土地，转让给你们，你们一定要记住：这片土地是神圣的。"）

师：西雅图仅仅是让白人记住这片土地是神圣的就行了吗？对白人提出了哪些要求？请同学们快速浏览课文4~8自然段，找到这三条，试着用简练的语言概括出来。（学生看书）

生：不是，他希望白人善待河水，善待空气，善待动物。

师板书：善待河水，善待空气，善待动物。

西雅图还用饱含深情的语言说明了为什么要这样做。现在你们就是西雅图酋长，我就是白人领袖。请发挥集体的力量，每人选择一部分进行朗读。先用心体会这段话的意思，可以把你的体会写在书上，然后把你的体会融入朗读中，用你的深情的朗读来说服我，打动我，好吗？开始练习吧！（学生练读）

1. 善待河水

生发言，教师根据学生的发言引导：你要善待河水，为什么？还有呢？（学生可以用自己的话表达，也可以朗读相关片段。学生发言后，大屏幕出示第4自然段，引导学生理解感悟，经历一个朗读—理解—朗读的过程。）

师引导：从你的朗读中，我仿佛看到了祖辈们在河边繁衍生息，看到了祖辈们对河水的呵护，看到了河水伴着我们人类走到今天，更会伴着我们走向希望，走向未来！让我们集体朗读这一段。

我的心被你们有情有理的朗读打动了，西雅图们，说出你们的嘱托吧！

我记住了，要善待河水。

板书：善待。

2. 善待空气

（这两段比较浅显易懂，没有什么难理解的句子，因此我把朗读重点设计在第6自然段，读出空气给人类带来的美好的感受。）

师引导：我知道了，空气给我们生命，也会带给我们美的感受，你知道哪一句写了空气带给我们美的感受吗？美的事物最让人心动，如果你把这种清新甜美读出来，我就答应你们的嘱托。

学生朗读时，教师重点指导"幽香"的读法。

让学生想出保护空气的办法。（减少汽车尾气、低碳生活、禁止燃放有毒气体、植树造林……）

3. 善待动物

第三个嘱托，我们一起读好吗？

出示：降临到动物身上的命运，终究会降临到人类身上。

这句话，我不明白，你们给我解释一下吧？

（1）动物都死了，我们吃什么？

（2）从食物链的角度讲，缺少了一链，整个食物链就无法继续。

（3）人类也是动物，如果动物因环境的恶劣死亡，人类也会死亡。

（4）如果小蜜蜂死了，就无法给植物授粉，我们就会因为没有粮食吃而饿死。

师：这真是一句意义深刻、振聋发聩的话呀！让我们再读这句话。课文中还有很多这样意义深刻的句子，你能找出一句吗？

学生默读寻找后交流。——"大地不属于人类，而人类是属于大地的。"（结合回信——出示：总统从华盛顿捎来信说，想购买我们的土地。但是，土地、天空、河流怎么能出卖呢？这个想法对我们来说，真是太不可思议了。正如不能说新鲜的空气和闪闪的水波仅仅属于我们而不属于别人一样，又怎么可以买卖它们呢？）

（5）你们对我还有什么嘱托吗？

（6）总结：要善待河水、善待空气、善待动植物，才能保护好这片神圣的土地。西雅图酋长深知，人类如何对待环境和其中的生命，最终都将变成人类自己的命运。他是为整个人类而请求。

七、总结升华

（课件）西雅图的演讲感动了白人，他们决定把这片土地命名为"西雅图"，居住在这片土地上的人们都牢记着西雅图的这句话：为了子孙后代，我们要献出全部的力量和情感来保护大地。

一百多年来，西雅图的演讲也感动了世界上众多有责任感的人，他们也时刻告诉自己：这片土地是神圣的！这个地球上所有的所有，都是神圣的！我们欣喜地看到：河流返清，绿化扩大，污染减少……

同学们，让我们共同说出我们的心声：为了子孙后代，我们要献出全部的力量和情感来保护大地，因为我们深知，大地不属于人类，而人类是属于大地的。

八、作业

（1）结合《同步阅读》中《最珍贵的泥土》，写一段话述说你的感想。

（2）把课堂上同学和老师反复诵读的内容背诵下来，尝试演讲。

板书设计

这片土地是神圣的

善待 { 河水 / 空气 / 动物

【我的思考】

本文被誉为有史以来在环境保护方面最动人心弦的演说，语言优美，内涵丰富，情感充沛。

在这一课中，我有两个着力点：第一个着力点是强化信息对理解文本的作用。因为本文的背景与学生生活有一定距离，所以我在布置预习时非常重视资料的搜集，这对帮助学生理解文章是有利的补充，促进了学生对文章的领悟，激发了学生保护环境、爱护自然的情感，从长远来看，也培养了学生搜集信息、整理信息的能力以及自学能力。

第二个着力点是大量的读。这样的课文，只有通过诵读，才能让学生感悟文章优美的语言，感受到人与自然息息相关的情感。语文课程标准强调，在阅读教学中，要让学生充分地读，让学生在读中感悟理解，在读中训练语感，在读中提高语言表达能力，在读中受到感情的熏陶。我在设计这一课时，通过指导关键语句的朗读，帮助学生理解土地的"神圣"，力求既尊重学生的个性化阅读，又能引导学生体会语言文字的美与震撼力。

指向写作的阅读教学

——以《圆明园的毁灭》为例

一、热身运动：检查生字预习情况

先看看同学们预习生字词是否过关（出示PPT），齐读一次。

师：都记下来了吗？有没有难记的字？（集体解决几个）正确抄写，相互找碴儿，奖励。

二、导入新课

（1）让我们举起写字的手，"圆"是"圆满无缺"的"圆"，"明"是"光明普照"的"明"，"园"是"皇家园林"的"园"。齐读"圆明园"。

（2）一座圆满无缺的、光明普照的皇家园林，被英法联军——毁灭了（板书：毁灭）。齐读课题——圆明园的毁灭。

三、整体感知

过渡：圆明园到底是一座怎么样的园林？它是怎么被毁灭的？它为什么会有这样的命运呢？我们心中有太多太多的疑问。

（1）请自由读课文，在写得特别好的地方、感受特别深的地方做记号。（生自由读文）

（2）课文哪些部分写了圆明园的毁灭？（最后一段）其他部分写的是什么？（板书：辉煌2~4）为什么用这么大的篇幅来写过去的辉煌呢？（通过大篇幅写辉煌的过去，更加凸显遭到毁灭的痛心与仇恨，这是一种对比、反衬的写法。）

四、感受过去的辉煌

过渡：让我们一起去看看圆明园辉煌的过去吧。

（1）快速浏览2～4自然段，对于昔日的圆明园，书上有一句话，最能代表人们对它的评价。

（PPT展示：圆明园是一座举世闻名的皇家园林。）

师："举世闻名"是什么意思？"举"，全。其实，整个2～4自然段都是围绕这一句话来写的，这一句可以说是这三个自然段的中心句。

（2）圆明园凭借什么夺得"举世闻名的皇家园林"的美誉呢？再请同学们细细默读2～4自然段，一会儿来说说理由好吗？

生1：第2自然段内容。

师：（生）大家想象一下，能不能画出圆明园？（生在练习本上画，指名一生上黑板画，边指导边解说……）它由三个大圆组成。大家一齐读，它由哪三个大圆组成？（生）

师：想象这三个大圆周围有许多小圆，这就叫什么？（PPT）

生：众星拱月。

师：这样精心设计的众星拱月的布局，难怪说圆明园……（引读）举世闻名。（板：布局精心）

你想自豪地读读这一段吗？看屏幕演示，你能读得再好一点儿吗？

过渡：圆明园是举世闻名的皇家园林，还有理由吗？

生2：读第3自然段。

（1）这段话写圆明园的建筑景观一共用了多少个"有"？（7个）

（2）请你大声地告诉大家，圆明园中有什么？抽生读。从这七处"有"你体会到了什么？（生：圆明园的建筑非常宏伟）让我们分组朗读，看谁更能读出这种宏伟，这种繁多。（分组读）

（3）假如作者要写尽圆明园的全部建筑和景观，还要用上多少个"有"？你的依据在哪里？（学生畅所欲言，从词语、标点……的角度说）来，让我们一起走进圆明园，去看看各具特色的宏伟建筑。（齐读）

（4）感受：

师：漫步园内，置身其中，你仿佛看到了什么？

师：想看看这一个园林吗？（看图片）

师：再一起读这句话"漫步园内，饱览着中外风景名胜……幻境里"。

读到这里，我们不由得赞叹一声：圆明园真是一座举世闻名的皇家园林。（板书：建筑宏伟）

还能说理由吗？

生3：读第4自然段。

师：从先秦到清朝大约多少年的时间？（2300多年）时间很长。怎么读，才能读出这种时间的长呢？（抓"上自""下至"指导朗读）想想2300多年会有多少名人字画和奇珍异宝。再来读。（教师趁机选择几幅名画和几件珍宝让学生目睹感受，然后让学生带着感受读第4自然段。）

小结：谁能根据板书，用上关联词把圆明园是举世闻名的皇家园林的理由一口气说出来呢？

（5）关于圆明园的历史，除了书上的介绍，我知道同学们在预习的时候也搜集了很多，现在请大家一起分享。（出示搜集资料、交流注意事项的PPT）

搜集资料：

（1）访问。

（2）查阅书籍。

（3）网上搜索（注意关键词——下载、保存、整理：删、添、改、串、制作。）

汇报交流：

制作、文案、练讲。

五、总结

在课文的精彩描写中，在同学们详尽的汇报中，我们看到了圆明园辉煌的过去。就是这样一座世界上最精美、最宏伟、最珍贵的皇家园林，却在一场空前的浩劫中化为灰烬。下一节再学。

读中悟情

——以《向往奥运》（简案）为例

背景：这篇精读课文通过抒发对我国成功申办北京2008年奥运会的感受和对1992年在巴塞罗那奥运会的感受的追述，表达了强烈的民族自豪感。

教学这篇课文，我以情感为主线，让学生拥有完整的阅读过程，经历精读与略读、朗读与默读、自悟与交流、思考与想象、课文阅读与资料收集利用、感知内容与领悟情感、理解语言与积累、运用语言的过程。

一、读课文，整体感知

北京申奥成功的当天晚上，北京城彻夜狂欢，作者肖复兴更是激情满怀。请同学们速读课文，想想课文表达了怎样的情感，然后把自己的感受和同学交流。

二、读课文，领悟情感

北京申奥成功，作者激情飞扬，在课文中直接抒发了情感，如"今天好梦成真，我真的很高兴，很激动"。把这样的句子找出来，反复地朗读，体会其中的情感，再把自己的感受与同学交流。

三、读课文，再悟情感

情感来源于生活，作者对北京申奥成功所激发出来的民族自豪感是那么强烈，能深深打动人心，这和他十年体育记者生活有关，和他对体育对奥运会的深入了解有关。找出这样的语句，朗读、理解，然后与同学交流。

四、读课文，升华情感

作者飞扬的激情来自他对奥运精神的洞察，来自他对奥运的特殊感情。理解了作者对体育对奥运的认识，能更好地体会作者强烈的民族自豪感。朗读课文中直接表达作者情感的语句，体会作者的情感。

五、读课文，积累语句

整堂课下来，学生的表现和接受能力都达到了预期的效果。

背出语文味
——以《匆匆》教学反思为例

本课要求学生选背，我要求学生全文背诵。

在课堂上，我对于"背诵"这门功夫做了一点改革：我在课堂上带学生记，在有限的时间内让能够记下来的学生表演背诵，然后让他们两两对抗，最快完成者胜出。比如，在第3节的教学中，我完成板书，朗读完毕后，让学生自由背诵。能在规定时间内完成的学生站起来，然后安排两人一组（能力大抵相当的为一组），再在全班同学面前对抗，最先胜出的选手再背。

我发现这样做有几个好处：

（1）学生之间的良性竞争意识明显增强。

（2）向其他同学展示了背诵可以达到什么境界，使他们产生压迫感。以往许多学生对背诵不重视，没要求，能勉强说出大意就很满足。对抗展示让他们看到了自己与优秀生、勤奋生的距离。

（3）对抗过程学生的反复背诵在听力上对其他学生也有帮助记忆的作用。此外，有时我特意安排背诵能力弱的学生（其实能力之弱，多为懒惰造成）担任对抗"监听"的职责，他们有"头涔涔汗津津"的表情了——因为不用功，看得比人家念得还慢。

这样的改革，效果比较好，我所在的班级的背诵量比课标要求背诵的约多2倍，而且基本在课堂上完成背诵。（当然有一部分学生是完成不了的。我的观点是，能有多少人多学点总比大家陪着学不了多少要好。鼓励拔尖，也不放弃后进。）

下 篇

全人教育

"三·全语文"育人篇——快乐带班

我喜欢"班主任"这个"职业"

班主任工作是一门独特的艺术，它区别于其他艺术领域的地方是它的艺术性。艺术的班主任工作，就如绵绵春雨——润物无声，于无声处又发人深省。

一天早上，晨操过后，各小组如常收作业。突然科代表洁莲气呼呼地跑上讲台告诉我："收作业情况记录表不见了！晨操前还好好地放在抽屉里的。"

开学初，为了工作方便，我让洁莲设了一个记录本，把每天交作业的情况做好记录，以便及时督促、辅导未完成作业的学生，同时为开家长会积累一些材料。

半个学期过去了，工作一直进行得很顺利，眼看就快要开家长会了，现在偏偏在这个节骨眼上把记录本丢了，这意味着我的家长会发言将失去一份真实的数据资料。是哪个调皮鬼捣蛋？我要查个水落石出。

怎样查呢？锁定平日里比较顽皮的几个学生？先查今天没有交作业的学生，把其列为重点"嫌疑人"？但是，难道我仅仅满足于要回一个记录本吗？我决定先搁下，再另想办法。

下午第一节是作文课，我向学生宣布作文的内容是写一篇想象作文。首先，我把记录本丢失的事向学生简单交代清楚，然后问："会是什么人把本子拿走了呢？"学生纷纷发言，一致认为是那些经常不完成作业的同学。我紧接着问："他（她）为什么要把本子拿走呢？"这下，班里像炸开了锅，有的说："他（她）今天没有完成作业，不想补了。"有的说："他（她）

觉得经常不完成作业，很没面子，所以把本子拿走了。"有的说："他（她）可能以后都不打算写作业了，于是索性拿走本子。"……等到火候差不多了，我说："老师也有个想法。"学生们都睁大眼睛看我。我扮演起学生来——"昨晚家里有事，又不能按时完成作业了，唉，前几天才答应老师要好好学习的，才坚持了几天就泄气了，多不好意思啊！有了，我把作业本拿走，毁灭证据不就一干二净了吗？连以前的不良记录也一笔勾销了，真是一举两得……"学生听了都笑起来了。"从明天起，可得好好做人，再也不能不完成作业了！"我又补上一句。

"事情还没有结局，同学们回去后，发挥自己的想象力，给它补了个圆满的结局，写成文章。"这是我给学生布置的小练笔作业。

第二天一早，洁莲兴奋地告诉我："记录本飞回来了，作业全部收齐！"

批改作业的时候，我看见有一篇文章的结尾写道："我悄悄地把记录本放回原处，我要让它的记录证明，从今天起，我真正做到了按时完成作业……"

作为教育工作者，我们所要做的除了让学生知道自己的行为是否正确以外，更重要的是让学生知道什么是正确的处理方法并付诸行动。

班主任工作是一门奇特的艺术，越钻研，越发现它的魅力！

一切都可以成为教学资源

天气突然变冷了，从30摄氏度一下降到14摄氏度，冷风冷雨，上学很不方便。

这天是我的早读。来到教室，人已经不少，真正开始读书的学生却不多，似乎骤冷的温度也把学生平日读书的热度给降了下去。

我走上讲台，随意一瞥，怎么，难道小鬼们没有值日？平日值日生会在老师到班之前做好清洁的。

"今天是哪些同学值日呢？"我皱起眉头问。

没有人站起来。怎么回事？

"请今天讲台的值日生站起来。"换了个更明确的问法。

仍然没有人站起来。

台下有窃窃私语声。

再问——威严地问。

"是嘉声。"有人报了名号。

目光转向"欠账大户"——嘉声。

"不是我，是宣坤！"他在座位上大声疾呼。

目光转向斯文的宣坤。他看着我，没有来得及辩解，班里就嚷嚷起来了——"你昨天扫不干净！陈老师让你再扫一天锻炼呢！"

"反正今天不是我！"宣坤岿然不动。

……

"好好，不是嘉声，也不是宣坤，是我。"我慢条斯理地讲着，一边拿起扫把，准备打扫。

一下，两下……我在自己的工作岗位上打扫着，很安静，没有人打扰我的工作，我很顺利地开始了我的新工作。终于，讲台一尘不染了。

扶着扫把站在讲台前，目光转向全班，泛视——没有明确的焦点，但是哪里有什么动静都能迅速收入眼底。"黄老师今天第一次成功地当了一回清洁工，感谢同学们给我提供了这个历练的机会。……以前的学生，从来不给我这样的机会……"台下鸦雀无声，藏起目光。

道理讲多了易让人生厌。我重新拿起扫把，边走边说："我现在又上班了，我要去打扫李晧丞的座位……"才迈出一步，后面马上冲出来一个人影，"黄老师，我来！"一看，是晓晴！是那个总是要课后给她补习功课的晓晴！我点点头，不吭声，又走到走廊花坛旁拿来一个拖把，拖把还没沾地，"黄老师，给我吧！"一看，是小胖子崇昶。两次下岗。我又去拿第二个扫把，又一个过来抢我的，然后更多的人来了，一下子，扫把、拖把、垃圾铲全派上用场了。没有一个人再待在座位上了，没有工具的学生就自觉去捡垃圾……一派繁忙。

两分钟后，窗明几净，赏心悦目。

我重新走上讲台，"同学们，摸摸你的胸口，"把手放在胸口，"感觉怎么样了？"

一张张紧绷的脸顿时笑开了花，不约而同地高呼："好舒服！"有的只会哈哈笑。

"如果你是今天的值日生，在整件事情中，你有什么想法呢？"

"如果你不是值日生，刚才发生的这一切，你有什么想法呢？"

"如果你是老师，面对出现的这个问题，你会怎么处理呢？"我一口气抛出三个问题，"现在，请你结合刚才发生的小事，动笔写一个片段，可以是抒发情感的，也可以是描写某一个细节的，也可以进行想象创作。"

教室里马上安静下来，响起了沙沙的写字声。一刹那，我觉得罗丹真伟大——生活中真的从不缺少美，假如你有一双发现美的眼睛。把握班级生活中的每一件小事情，巧妙转化利用，教书也育人。

一双胶手套的故事

从孩子开始有语言能力、思维能力开始，周围的一切环境都成为影响孩子成长的因素。当孩子进入小学以后，他们除了继续学习生活上的自理能力，逐渐繁重的学习任务，让他们面临着更多的成长"风险"——来自家庭成员的、来自老师的、来自同伴的……作为教师，应该更多地关爱孩子，培养他们健康的心智，努力让孩子一生阳光灿烂。

冬天来了，拿起粉笔板书，根据多年的经验，手指很快就会爆裂流血，所以今年我为自己准备了一只胶手套，上课的时候戴着，下课后放回抽屉里。

这一天上课，我像往常一样拿出胶手套一戴，发现里面湿了。当时上课铃刚打响，我冲台下问了一声："谁把我的手套弄湿了？"台下一片安静，无人回答，空气有点紧张有点尴尬。我还是发现了一个异样的孩子——迎奥，坐立不安，满脸羞红。我轻轻说了一声："哦，没事，也许之前我擦黑板的时候不小心弄湿的，上课吧。"再看那些孩子，我读出了"如释重负"。那节课我就直接拿着粉笔板书，一个一个认真书写。那节课上得特别顺利，课堂气氛和谐，学生发言积极。

第二天一上课，那个总不按要求完成作业，开学一个月我要多次和家长沟通的顽皮大王迎奥跑到讲台前，羞涩地递给我一双胶手套，说："老师，给您。"我很惊讶，我想不到自己的一次宽容，能收获一个顽童这么厚重的礼物；我想不到自己没有具体宽容对象的宽容行为，竟能在一个顽童的心灵里产生波澜。

我当场利用这个教育资源，指导学生上了一节作文课。当天的小练笔，孩子们用他们美好的心灵还原了一个个美好的故事。下面是一个学生发布在班级博客上的小文章：

一双胶手套
邝俊源

每天，老师都要用胶手套来写工整的板书，让我们抄，这双胶手套不知用了多少天。有一天，老师说："是谁把我的胶手套弄湿了。"同学们都左顾右盼，看看是谁做的坏事。老师却突然笑了，说："没事，可能是我用湿布擦黑板时弄湿的。"

放学回家的时候，我想我要为班集做好事。于是我在我家楼下的小商店里看见了一个和老师的手差不多大的手套，而且手套的颜色和老师的一模一样。我回家之后就让妈妈给我买双胶手套。妈妈问我为什么要买，我不知道怎么回答，因为说了不好意思，而且老师说过做好事不留名。妈妈说不买了，我的心就开始着急了。最后我对妈妈说："最多我念书给你听。"妈妈就觉得莫名其妙，平常我不爱念书，为什么今天这么主动。妈妈然后就爽快地回答："好！但是10分钟要念完。"

我觉得太难了，但是不快点的话，小商店就要关门了。我尽了最大的努力，终于买到了。

这天，我把胶手套给了老师，老师说我是个懂事的孩子。我非常高兴，同学们都用赞赏的目光看着我，我真正懂得了那句话——给予是快乐的。

自那以后，我的手套从来没有再出任何状况。冬天，我套上手套抢值日生擦黑板的工作，我弄湿了布轻轻地擦，黑板湿了，粉尘少了。孩子的心思有时比成年人还要细，他们能感受到老师对他们的爱：能有我代班"效劳"的机会总是少之又少，他们不给我擦黑板的机会，他们在我没到教室之前就用他们的小手伸进冰冷的水中弄湿布擦黑板，他们决不用我的手套……这一群可爱的小天使！

自那以后，我发现迎奥也变了，他不再偷工减料地做作业，他上课两只眼睛看着我，好像总在笑，他不再窃窃私语，他积极发言，他书写工整，他的学习成绩进步了⋯⋯

多么可喜的变化啊，我绞尽脑汁想方设法要改变的人，却在意想不到的一次宽容中收获了他的可喜的转变。曲径通幽意即如此吧。

一份应聘书

有一天，我看到需要派发给学生的作业本没有及时发下去，举行的班级活动没有及时记录下来，我就开始构思，是否可以通过设计一个主题活动，既为班级建设找来几个得力助手，也借此让学生提前感受社会生活，从而更加珍惜学校生活，重视知识、技能的掌握呢？

这天，我直接把意图和学生陈述，反应热烈。我公布应聘条件后，全班学生跃跃欲试。我再指导他们如何写应聘书。为得到家长的支持，当天我通过"英才成长计划服务"发送短信给家长，希望给予学生进一步的指导，得到近70%的家长支持。我又设计了"小组推荐→全班公选"的程序。经过小组推荐后，共有 7 人参加最后一轮的招聘。当时鉴于参聘的 7 位代表表现均非常出色，所以我根据预设生成新的构思：7 位选手每人当一周的记录员→一周后亮出个人的记录"作品"→根据各人实际成绩做出终选。这次活动让学生在其中感受到"知识改变命运，能力决定一切"。在实践过程中，每一个学生都经历了成功的喜悦与失败的磨炼。

附一份应聘书背后的故事：

"尊敬的黄老师：我想应聘高级记录员这个职位。我的优点有很多，如反应快、记忆力强、吃苦耐劳，而且我也很需要这份工作，因为我在班里一直是个中等生，我也想有一个职位，我也想让爸爸妈妈开心，也想为班里做贡献，老师您就录用我吧。祝工作顺利。应聘人 渝平"

渝平这个学生一直给人做事马虎，难以集中精神听课，成绩较差，上进心不强的印象。这份应聘书却写得字迹工整，态度诚恳，即使是经过家长的指导，也可见孩子本身对这个"职位"的热诚，非家长所强迫。我除了在全班表扬了他乐于为班集体服务的精神，还特意表扬了他的孝心。一来在学生中树立这样一种精神，二来更是在学生群体中帮助他建立一点威信。在投票的时候，虽然他的票数最少，但是我还是灵活处理了一下，让他成了一名光荣的派发员。

这个活动更大的收获是：以渝平为首的好几个平时学习松散的学生似乎一夜之间全改头换面了，他们专心听课，积极发言，作业认真。

而当选的组长逸林得到全班的认同后，充满自信，一改以往内向腼腆的性格，工作十分主动，格外尽职。当选的其他组员工作尽心尽力，学习更加认真。全班学生的凝聚力进一步增强。

学校生活除了学习，教师还应该努力创建一些有意义的活动作为平台，在活动过程中关注每一个学生，做到因材施教，让每一个学生都阳光灿烂！

我们不可能伴随孩子一生，但是我们的言行，我们对孩子的关爱，我们给孩子们播撒的爱的种子，将会伴随孩子的一生，所以，更多地在工作中倾注我们的爱吧，这是一切"善"的源泉！

上善——若水

学生学习了《卜算子·咏梅》后，进行默写，同桌互批。临近下课，我看到学生一个个喜气洋洋，心想不会有人默错了吧。可当我询问时，却了解到志豪（他平时的学习成绩不好，错别字特多）默写三遍了，还是没有全对，正在发脾气摔本子，还嘀咕说："我再也不默了！"其他学生一听发出了哄堂大笑。我看到志豪脸红到脖子根，头埋得低低的，身子在不停地颤抖。这是一个人情绪将要失控的征兆。我的心一下子沉重紧张起来。

我示意学生安静，同时我也看到学生目光中的恐惧，他们正在无奈地等待一场"暴风骤雨"的降临。我来到志豪身边，弯腰轻柔地问："把你的默写本给我看看，好吗？"他迟疑了一阵子，扭捏地拿出了本子。我浏览了他的默写情况后，故意笑着大声说："哎呀，志豪，祝贺你！因为你早就会默写了。"他一下子抬起了头，疑惑地看着我，其他学生也露出了迷惑的神情。我亲切地对他说："你默写了三遍。每遍只错一个字，第一遍把'俏'写成'悄'，第二遍把'丈'写成'仗'，第三遍把'她'写成'它'。各次错误不同，说明你已会写每一个字，你之所以发生错误，是因为在书写时没有用心。再默一次，愿意吗？"他羞涩地点了点头，开始默写。教室安静极了，在其他学生的等待和期盼中，终于传来了志豪同桌的声音："他默写全对了！"掌声骤然响起，学生的脸上写满感动、兴奋。志豪又一次脸红到了脖子根，但分明有掩饰不住的高兴。

虽然这是课堂中的一个小插曲，但带给学生及我的震撼是强烈的。从那以后，志豪像换了一个人似的，在学习中总是那么默默地努力着；许多学生在当天的日记中记述了这件事，并畅谈了自己的感受；而我也感悟了一个朴素的育人之道："师爱也是一种等待，等待也是一种保护，保护也是一种教育。"

我们总说自信是人构建成功金字塔的基石，但由于种种原因，"自信"在很多学生（特别是学业不良学生）的心灵中失落了，这是教育的悲哀。曾有多少次，当学生没有完成作业时，他们不再拥有解释的权利和机会，因为我们没有耐心倾听，给予的是大声呵斥；当学生上课不守纪律时，我们怒发冲冠，指名道姓；当学生反应迟钝时，我们甚至讽刺挖苦，投以鄙视的眼神……如此种种，不胜枚举。学生那脆弱的自尊心，那可怜的自信心，怎不消失殆尽？此时，我不禁汗颜。在教学中，当学生被失败、挫折、气馁等所困扰时，让我们来到学生的身边，让我们树立起"每个学生都是能被教好的"教育自信，让我们练就一双敏于发现的眼睛，满怀一颗善解人意的心，看到学生曾经付出的努力，感受学生渴望成功、惧怕失败的心理，体验他们面对失败的无奈；让我们用温暖的话语、鼓励的眼神、信任的微笑和耐心的等待让学生在失败中体会别样的快乐、幸福！此时此刻学生的心灵是最敏感的，他们能够感受到并懂得老师给予自己满怀的爱，这种爱寄予在老师的期待之中，包含着尊重与信任，包含着宽容与乐观，包含着无言的感动，闪烁着人文的光辉。他们珍惜这份爱，他们会找回失落的自信，扬起自信的风帆，努力向自己的目标迈进，这是老师给予学生的一笔宝贵的人生财富。其他学生目睹之后，心灵同样受到震撼，他们在今后的人生旅途中会以这感人的记忆鞭策自己。

"吐"出来的真情

——记录一次班级突发事件

南方三月，阴雨连绵，病菌肆虐。确实是个让人高兴不起来的天气。

这天是我早读，我提前两分钟进入六（6）班教室，却见班内全无早读的状态：12个小组，有的在交作业，有的在收作业，有的在补作业，有的还没完全"醒"过来……正待进行一番说教，讲台前第一排的李明锐举手报告："黄老师，定宇呕吐了。"我一看，正对着讲台前的地面上，一摊黄水漾着食物的残渣，在教室的地面上摊得半个平方那么大。这摊东西，就在呕吐的定宇和报告的明锐之间的过道上。定宇疲惫地趴在桌子上。明锐报告后放下心头大石，坐下来转过身背向呕吐物。这摊可怜的东西估计已经躺在地上有些时间了。

我站在讲台上，看着渐渐安静下来的学生。5秒钟、10秒钟，大家都望着我，我也望着他们。他们的眼神是多么清澈，他们的表情是多么平静，他们此刻的内心必定也是云淡风轻的吧。我没有言语，10秒钟的静默中这一切反应让我失语了。我一声不吭走到教室后门，默默地清理好呕吐物残渣，然后让一个男生到教室旁边的男厕所把工具冲洗干净。我再用拖把加消毒水拖一次。我的动作是那么娴熟，学生们，尤其是呕吐物附近的学生一边捂着鼻子避之则吉，一边用欣赏的目光看着我"表演"。

教室的地面光洁如新。捂着鼻子的手纷纷放下，斜着的身子陆续坐正，我的心却已经沉重得无以复加。我看着这班眼神依然清澈的学生感受到作为一个教育者，此时我最应该做的是什么。我用平静的语气对他们讲了一句话："大家认为今天定宇的呕吐物应该由谁处理呢？"说完，我转身，拿起粉笔，在黑板上写出以下几行文字：

谁弄脏，谁负责

同桌

组长

班长

老师

好朋友

每一个知情者

写完，转身，看见学生的眼神开始复杂起来。我看着这群学生，再次用平静的声音说："请把你内心最真实的声音告诉老师，好吗？准备举手投票。"

学生很纯真，很配合。一寸光阴一寸金，我以百分比估算。请看投票结果。

　　谁弄脏，谁负责（0）

　　同桌（70%）

　　组长（60%）

　　班长（50%）

　　老师（0）

　　好朋友（60%）

　　每一个知情者（100%）

　　当最后一个数字出现在黑板上时，我原先揪着的心已经得到了放松。不怪他们，学校教育、家庭教育都应该反思，为什么我们的"产品"会是这样的？在学校里，智育得到了充分的重视，德育工作如何跟上？我们教师应该如何引导？面对家庭教育，为人父母者多是为子女无私奉献，缺失的是引导子女如何关爱他人。不能让他们成为思想的巨人，行动的侏儒！

　　"同学们，看看结果，想想刚才是谁来打扫的？"

　　没有人回答我。他们有的脸红了；有的不好意思看我，低着头。我看到明锐如坐针毡。

　　这时，耀华轻轻举起手说："老师，鑫雨这里也有一摊东西，我想现在去清理。"原来，今天早上有两个人呕吐了。

　　还有什么比这个更能拯救他们灵魂的呢？

　　我对这班愧疚得无以复加的学生说："我想离开教室两分钟，这里的一切交给你们可以吗？"

　　学生如获大赦，随着我的后脚离开教室大门，班里就热闹开来了。我没有回头看，我更愿意看到两分钟后的巨变，我期待这种心灵洗涤后的巨变。

　　两分钟后，我重回教室。班里很静，学生都静静地坐在位置上，一个个用期待的眼神望着我。我看到整个教室的地面都焕然一新，特意走到鑫雨身旁，水泥地面光可鉴人。窗门全部打开了，吹过来丝丝温暖的春风。

　　我走上讲台，微笑着对坐得端端正正的学生说："孩子们，你们这次'考试'，人人满分！"

对联——让学生领略中华文化

上午三节课。把刚从图书馆借的《语言艺术欣赏二》带来了，里面有几副有趣的对联，打算课堂上和学生"玩一玩"。

让学生背出《猴王出世》中的几句对仗工整的句子：夜宿石崖之下，朝游峰洞之中；四面更无是树木遮阴，左右倒有芝兰相衬；花果山福地，水帘洞洞天……引起学生对对联的兴趣。

然后带学生读对联，带读时把字音、节奏问题都解决了。

然后开始理解每副对联的特点和意思。这个环节我观察到他们没什么真正的兴趣，就用板画和设问来调动气氛。四副对联基本过了一遍，随即转入"阅读"——下面老师出两个上联，看大家能不能对得出来？

花甲重逢，增加三七岁月

学生马上争先恐后地说："古稀双庆，更多一度春秋。"好得意啊。

再出：

水车车水，水随车，车停水止

更热烈了："风扇扇风，风出扇，扇动风生。"得意！

然后几个来回的对话，把对联的意思，如何对仗，从中懂得什么等问题一口气解决掉，气氛越来越热烈了。

教材里面的内容全部完成了，还想再添一把火。教学有时候差距就在于教师有没有再烧一把火的意愿和水平了。把昨晚准备的对联摆了出来，这次我真留了一手，只出上联：

上联：天做棋盘星为子，谁人敢下　　下联：地＿＿＿路＿＿＿，哪个＿＿＿

上联：童子打桐子，桐子落，童子乐　　下联：丫头啃鸭头，＿＿＿＿＿

上联：看我非我，我看我，我也非我　　下联：装谁像谁，＿＿＿＿＿

上联：普天同庆，当庆当庆当当庆　　下联：举国若狂，＿＿＿＿＿

学生兴致更浓了，刚好下课了。几个男生马上跑上讲台，叽里呱啦之后，我看到黑板上第二题横线上写了"鸭头没，丫头悲""鸭头飞，丫头悲"哈哈，还挺工整的，还押韵。

又上课了，仅几分钟，聪明的学生就和我一起对出了下联：

上联：童子打桐子，桐子落，童子乐

下联：地为琵琶路当弦，哪个能弹

（这个下联对得比较困难，给了比较多的提示，但是我给了"琵琶"后，大家知道要出"弦"了。）

"鸭头没，丫头悲""鸭头飞，丫头悲"（此联答案为"鸭头咸，丫头嫌"，我觉得还不如我的学生的呢，起码"乐对悲"更加工整。）

装谁像谁，谁装谁，谁就像谁（此联书上答案为"装谁像谁，谁像谁，谁就像谁"，文胜大胆地说他反对，仔细一想，我的学生是正确的，书上是错的。哈哈）

举国若狂，且狂且狂且且狂（这个最难，我写出来后学生恍然大悟状。）

对联真有意思，我们老祖宗的文化真是了不起。这节课成功点燃了学生对对联的兴趣以及对对联的技巧。

一个学生带给我的感动

从两年前开始，每当值日那天，都会被一个人感动，被一个家庭感动。他是一个双腿残疾的孩子，瘦瘦的个子，竹子似的两条腿，走路摇摇晃晃，似乎稍大一点的风都会把他吹走。然而我却从未见他跌倒过。

当时他才上一年级，我值日的时候就奇怪，这么一个孩子，他父母长什么样子呢？就特别留神早上送孩子上学的队列，终于有一天我看见了他爸爸——一个五官极其端正，四肢极其健全，看起来甚至可以用相貌堂堂来形容的男子。

我看见他很小心地把儿子抱下车，然后拉着儿子的手一道走进校园。

有一天，我也看见了他妈妈，一个收拾得干净得体的女人。我看见她也拉着儿子的手把儿子送进校园。

一年过去了，孩子上二年级了，我发现妈妈送儿子的时候不再跟进校园了，只是叮嘱几句就走了。我发现孩子每天放学后都待在门卫室等，有时我走的时候已经看不见他；更多的时候是我走的时候，他还在孤零零地等着——校园里只有他和门卫一老一小两个人。

三年级的时候，他成了我的学生。有一天，放学铃响了，我把队伍带出校门折回来，他在门卫室里坐着。我走进去，坐下和他聊天。一直避免不说他的脚，可是不知说什么，他主动提到他的脚。

"老师，要不是我的脚这样，我早自己回家了，刚才也去打球了。"好开朗的样子。

我有点难过——看见他的乐观，我倒没来由地有点难过了。

"其实我要感谢我这脚。"

"为什么？"很惊讶。

"我其实觉得我很幸福，很多人关心我，还可以在江华读书，爸妈每天都接我……不过就是成绩不是很好，这点觉得不好，只是电脑方面比别人好一些……现在我很快乐，不过长大了就没有这么好了……因为赚不到钱哦，我的腿这样很难找工作啊，我学习又不好。"

"……我有个弟弟，一岁多了，脚没有事，可是整天打我的头，我警告他再打我的话我就要打他了……我其实不是担心我妈妈照顾我不周全，其实他们照顾我很周全了……他们每天都7点多才来接我，不过我倒觉得这样很好，我在学校等他们的时候就会拼命做作业，回到家里我会突然什么都不想做，这样我就有动力快点做作业了……"

我一直微笑着当他的聆听者，感觉到他很高兴有人听他说话。聊得正高兴，跑来两个顽皮的小孩子，抓起门卫室的电话就乱按一通。门卫制止说：电话不能给你们乱打的。

他一听，瞬间内疚起来："什么？老师？门卫室的电话不能给学生打吗？噢，我不知道哦，我一直都打！"

"不要紧，你可以打啊。"

"不！我不要特殊！我和普通人一样！我也不打了，以后我也不打了……要不老师你给我定个条件好不？一个月我只打一个电话。"

谈话中几次朦胧了眼睛，多么懂事的孩子，懂得体贴父母，能够追求平等的人生，能够乐观对待生活给他的不公平！

我告诉自己，了解孩子的内心比只看他的成绩要重要。

我告诉自己，哪怕是孩子，也有他独立的思想。

我告诉自己，要向坚强的人学习。

我告诉自己，生活是否快乐，只在心态。

我告诉他，腿有病，照样可以活得精彩成功。

我告诉他，以后我送他回家，我们住得很近。

我告诉他，上课要看着老师的眼睛，因为老师每一句话都是对你说的。

我告诉他，他一点不笨，而且还很聪明。

我告诉他，我很喜欢他。

后来，他的妈妈告诉我，他这个学期取得了很大进步，过去他经常对自己缺乏信心，对自己评价较低，现在自信心增强了，觉得自己不一定比别人差。另外写字也较认真，作业不完成的现象已很少了。有时他完不成作业就想睡觉，现在这种情况几乎没出现过。他经常在放学后就开始做作业，尽量不拖到晚上。

我深深感受到，走进孩子的心里，让孩子接受你，是教育的起点和归宿。

新班的画地而治——人员重组与区域自治

背景：新学期开学，因为二（3）班的班主任兼语文老师的陈老师休产假了，所以，我接任二年（3）班的语文教学工作。这也是我从教26年来，首次带低年级一个班的语文教学任务。原来这个班的数学老师唐老师教数学兼班主任。

接手二（3）班不久后，根据每个孩子的表现，我与班主任唐老师协商，对学习小组进行重组。51个孩子，分三大列就座，组长坐在中间位置（加黑突出）。这些组长的人选是在原任的基础上加上对新学期班级课堂教学时学生的表现进行调整的。

对组长的选拔要求比较严格——对于刚升上二年级的学生来说，毕竟他们才7岁。这些组长基本都有两个"特长"：特别擅长自我控制，上课一般不会走神；特别擅长提醒组员，提醒的同时不会影响自己的学习。

我在二（3）班的小组经营管理模式经历了四个阶段：

第一阶段："六人组"

以6人为单位，在6人中选一名组长，组长的位置坐在两排中的后排中间。这样，全班诞生9名得力助手——组长。我经常利用课后10分钟时间召集这些组长进行培训，以管理案例的方式指导他们如何处理已经遇到的或可能遇到的问题，及时表扬、肯定好的做法。这9名组长很快成长起来，能够在同学中建立一定的威信，主动完成本职工作了。在这个基础上，要精细化地关注每个组员，我们进入第二阶段。

第二阶段："三人组"

把原来的6人组再细化分为两组，就是一个横排3人为一组。组长在中间位置。这样，我们的组长增加到17人（见下图）。"行政干部"的扩大，大大激发了新、旧组长工作的动力，他们关心组员，讲究方式方法。比如，卢晓琳小朋友，她会看人做事，组员比较内向敏感的，她会悄悄地用手肘碰碰对方，提醒对方要听课；如果是比较顽皮的组员，她就会毫不犹豫地举手"告状"。

			刘○玮	王○萩	余○军	伍○泉	黄○晋	邱○雯
陈○峰	阮○祯	杨○恒	石○亮	卢○薇	叶○嘉	黄○迪	梁○瑜	卞○雅
杨○彤	吕○	许○明	张○	吴○桐	叶○天	冯○桥	龙○欣	胡○
阮○豪	卢○琳	关○怡	梁○敏	蔡○君	陈○熙	赵○聪	袁○菁	李○峰
潘○彤	冯○	李○辉	王○浩	麦○斐	梁○婷	张○涵	张○	邱○建
卢○丞	徐○岚	邓○彬	徐○铧	谢○彤	吴○茹	刘○阳	郭○瑜	邱○浩

讲 台

第二阶段"三人组"座位表

第三阶段："帮扶三人组"

第二阶段经营一段时间后，我惊喜地发现，需要"管理"的人几乎已经没有了，孩子们基本都已经形成很不错的听课学习习惯了。于是，我又进行了一次调整：每个三人组有两个组长，组长坐在左右两边，坐中间的是组员，两边的组长随时帮助组员解决学习上的困难。这样，一下子，我们的组长队伍壮大到34人，每个组长都很自豪，上课都很自律。中间的组员又感觉到自己很被重视，因为两个组长总是愿意帮助自己。

第四阶段：画地而治

一个班有17个小组34个组长，在管理上实现了化整为零，实现了"学生自治"，但是教师还要有一个渠道才便于收控，于是有了"化零为整"的画地而治——我把这三大行17个小组分为六大区域，分别命名"北京片、上海片、广州片，香港片、澳门片、台湾片"（见下图），不设片区负责人，但管理时，老师以片区为单位进行。比如：

"嘿，我看到广州片的同学写字的姿势真端正啊。"

"这一次，澳门片读书的声音最好听。"

"来，我们看看哪个片区的孩子完成得最快最好！"

"北京片现在的精神状态最棒，给他们加一颗星（在黑板上画）。"

			香港片	黄○晋	伍○泉	邱○雯	澳门片	王○萩	刘○玮	吕○	台湾片
石○亮	叶○嘉	卢○薇		梁○瑜	黄○迪	卞○雅		阮○祯	陈○峰	杨○恒	
许○明	张○	吴○桐		杨○彤	叶○天	余○军		龙○欣	冯○桥	胡○	
梁○敏	陈○熙	蔡○君	北京片	赵○聪	李○峰	袁○菁	上海片	阮○豪	关○怡	冯○	广州片
潘○彤	李○辉	卢○琳		张○	张○涵	邱○建		王○浩	梁○婷	麦○斐	
徐○铧	吴○茹	谢○彤		郭○瑜	刘○阳	邱○浩		徐○岚	卢○丞	邓○彬	

讲 台

第四阶段"画地而治"

这个阶段和第三阶段是并存的。通过这样一个"政治制度"的改革，二（3）班建立了"人人都是管理者，人人都是被管理者"的良性学习监管系统，班风学风积极向上。

实践证明，激发学生的"自治"源动力，最大化地激发每个孩子的潜能，实现课堂教学的高效能管理，不论在高年级还是低年级，都同样可以做得到、做得好。重视小组建设，重视培养组长，可以对班级管理实现"化整为零"，提高班级管理效能。

巡回教学印象记

今天起，我开启了从五年级起到一年级一共30个班级的巡回教学。以下选摘部分班级教学实录。

内容安排：

（1）介绍《彩虹桥下的童年》成书经过，激励学生树立学习目标（写作目标），并以此书作为本节课中表现最好的学生的奖品，我签名赠送，赠品在本学期放在红领巾流动图书箱供全班学生借阅，寒假即完全属于受赠者。

（2）推广《写字歌》。

（3）推广"舞"字诀。

教学过程如下。

一、自我介绍

（1）师生问好，指导起立、坐下如何做到"快、静、齐"。

（2）谁来读出这本书的名字？

（3）谁来读这本书作者的名字？谁知道作者是什么人？

通过对学生问好礼仪的指导，培养学生良好的行为习惯，尤其是在公共场合如何尊重他人。三两个简单的问题可以加强与学生之间的积极互动，检验学生举手回答问题的常规以及积极主动性，甚至可以培养学生平日对收集信息的敏感度。通过简单的动作指导和简单的师生问答，实现短时间内有效的师生互动交流，教师此时注意多用表扬。

例如，在五（2）班上课，有一处互动是我请一名学生上黑板写"48"。他随手拿了一支粉红色的粉笔写了一个大概有我拳头大小的"48"。然后我说，我可以根据他的书写来给他"算命"。学生一下子睁大眼睛看着我——我成功吸引了全班的注意力。我说："你是一个做事干脆利落、不拘小节、讲究效率的人，选择红色说明你性格热情爽朗。"我留意到，写字的那个男生脸上露出很高兴的笑容。"但是……"我卖了个关子又说，"我又可以这样'算'你——你是一个做事随便，草率鲁莽的人，从他对粉笔的颜色不加选择的举动，可以看出你思考、分析问题不够深刻、细致，随意应付。"

学生听着我一前一后截然不同的分析，脸上一片茫然，我看到那名学生脸上不再有笑容。我话锋一转，说："两个判断都是我说的，你们更喜欢我哪一个判断？"

所有学生不约而同都说喜欢第一个。我进而引导：你的语言表达能力将会直接影响你与他人的交流，所以，好的口才和文才一样会对你的生活以及他人的生活产生非常重要的影响。

二、推广《写字歌》

首先，我请出了参加"千人书写大赛决赛"以及已经参加过提高培训的3名学生代表，抽查他们能否背出《写字歌》，结果是令人失望的。6个班的18名代表，在时隔一两天后，均已出现遗忘现象，所以，吸取教训，文字性的东西应该用纸质文件固定下来发给学生，或者让他们自己写好。此环节6个班都是在教师协助下背出来的。

接下来，3名代表和老师分工，对全班学生进行提高培训。一名学生在黑板上把《写字歌》默写出来，一名学生在讲台上的专用示范桌椅前做示范，第三名学生配合老师对现场学生进行检查、辅导。

写字歌：头正身直足要安，一尺一拳和一寸。拇指食指"留活路"，写字舒服又好看。

大多数学生普遍在"足安"这一点上要反复纠正；"留活路"这点是难点，做姿势容易，一动真格写字，很快就打回原形了。而且每个班都有几个学生拇指食指是"直"的，写字没力。只有五（6）班的学生写字和握笔的姿势都比较正确，一讲就基本全部都做到了。

最后就是让全部学生一起背诵《写字歌》。

三、推广学习"舞"字诀

（一）创动作

"谁还记得《望庐山瀑布》这首诗？"不出我所料，在五（5）班遇到滑铁卢，几乎没人举手。最后有两个学生举手，指名一位，背了两句，完全是自创版本，只好让全班学生看我边"舞"边背。

"同学们，学会'舞'字诀，可以给你的学习带来革命性的变化，背诵记忆不再是难题，你的知识量会成倍成倍地增加，你的学习效率、学习成绩也会马上有很大的变化。因为，在使用'舞'字诀学习的时候，你动用了比一般学习方式多几倍的器官，从而使你的练习时间得到缩减，记忆强度得到提升。"说完这两句话，我已经在黑板写好了板书："舞"——创（动作），编（文字）。

于是，我以25课《长征》的第3～6句为例，验证"舞"字诀的神奇。

1. "五岭逶迤腾细浪"

（1）看注释，谁弄懂了"五岭"是什么？

（2）五岭连绵起伏，从广西到广东再延伸到江西，好像永远没尽头的巨龙，诗句里用了哪个词来表现？（生：逶迤）

（3）在长征年代，红军战士徒步翻越这前不见头，后不见尾的连绵起伏的山岭，要何年何月才过得去啊？可是，红军战士却不这样看，他们说："这些山岭，在我们眼中，不过就是小江小河上翻腾的小小浪花而已。"

这时候，我一边讲解一边演示动作，指导学生一起边做边读并尝试背诵。

2. "乌蒙磅礴走泥丸"

（1）谁知道"乌蒙"是什么东西？

（2）"乌蒙"和"五岭"有什么不一样？乌蒙是一座山，高耸入云直插蓝天，仿佛是玉皇大帝宫殿上的擎天巨柱，一眼望不顶。要翻越这座山，就要和恶劣的天气和险要的地形做斗争，红军战士能徒步翻越这座不一般的山吗？这座山的不一般表现在哪个词上？（磅礴）你能读出这种高耸入云不可攀的磅礴气势吗？可是，和对待"五岭"的态度一样，红军战士说："跨过这座乌蒙山，不过就像跨过一个小泥球那么简单啊。"

教师动作：边辅导纠正边做动作演绎，右手从下往上再到下拉一个大弧圈，最后回收时拇指食指围成乒乓球大小的小圆圈。

（3）两句连背，配合做动作。

3. "金沙水拍云崖暖"

这时候给学生讲"巧渡金沙江"的故事，边讲边背诗边做动作，讲完后，学生全部能够当场模仿并背诵。但有极个别学生学习能力弱，无法跟着一起做，我唯有多关注，多表扬。

4. "大渡桥横铁索寒"（给学生讲"飞夺泸定桥"的故事，同上法）

最后，四句连起来齐做动作，齐背。我在五（3）和五（6）班随机采用了计时赛读的次数的方式，学生非常踊跃。使用的方式手段会因为环境、氛围、人员构成而有一定的变化，在这次讲学中，我感受到"世界上没有两片完全相同的叶子"——课堂也如此。老师影响着学生，反过来学生的反应也影响着老师。

（二）编文字

（1）通过创动作，我们用"舞"的方式很快把诗歌背诵下来了。如果我们能够用文字把自己刚才做的动作简练地描述出来，让没看过的人都能看着你的文字而学着你做出动作来，这既是文字的基本功能——传播，也是你的学习方法得以推广普及的手段，更加是你提升自己的书面表达能力的做法。

（2）教师示范例："五岭逶迤腾细浪"——右手从左往右做波浪式推进，同法收回。

（3）学生进行创作练习，把其他三句的动作表达写下来。

"三·全语文"辐射篇——下乡记

2016年暑假，我得到了一份"大礼物"——新学期，我到棠下镇挂职交流一年。棠下镇，那是生我养我的地方，那是我的家乡。

培训与思辨

9月29日、30日，连续两天的上午，我都参加镇组织的开学前教师培训。培训内容很高端，中心校邀请了全国名班主任和名校长来做讲座。

讲座很精彩，我听得很入迷。主讲者薛跃娥老师和李志刚老师的话至今仍刻在我的脑海里。

人啊，要不断学习，不断更新。——薛跃娥

平等不等于公平。——薛跃娥

办好教育，不外乎两件事：第一就是教师的培训，从精神层面激励老师；第二是课堂的改革，教学模式的改革，以激发学生学习兴趣为最终目的……很多地方更多地愿意从第一层面去做，其实，我更愿意从课堂改革入手。——李志刚

为什么全国名校多数产生于北方？我认为与北方人的性格有关。产生名校必须具备两个条件：一个是强制、专制型的校长，具有很强的执行力，霸道、坚持、固执、不屈不挠，如牟其声（杜郎口）；一个是有魄力的肯放权的局长。二者缺一不可。——李志刚

我发现有一些小学在教室里安装了监控，就此和一位学校领导有过一段对话：

我：镇里课室都装了摄像头耶。

她：有些有，那是安全监控，不是教学监控。但无可否认对教师教学还是有监控功能的。我们的老师并没有什么反感，毕竟大家明白课堂应该公开。

我：可是，我总觉得别扭，不自在。老师们都能够接受？

她：那是安全工作需要。

我：总觉得这样似乎对老师不够尊重。

她：其实，这跟领导巡堂和听推门课没什么两样啊。

我：但是，真有这个必要吗？

她：这样的监管是有弊端，现阶段来说利大于弊。

我：台湾教室的课堂属于教师，校长要带人听课，会征求教师的意见，香港也是。我觉得这是对教师专业行为的信任和尊重。

她：情况不一样的，老师的专业素养与他们从事的工作未能完全匹配，所以管理也不能抢跑接轨。

我：如果有更好的监督方式就好了，我宁愿从其他渠道用力。

她：其他渠道实施起来有很多制约因素。在我们的实际操作中不但没有侵犯老师的尊严，反而让老师更尊重自己的课堂。不然会导致尊重了一些尊严，损失了更多孩子的利益。其实利弊都是有的，有时候需要权衡和取舍。

我：我并不是在监控下成长起来的，我是在信任下成长起来的。这样的机制培养不出优秀教师；这样的机制培养的教师唯唯诺诺，谨小慎微，但求不出事，少出事。

她：对于自觉的人，给他自由是最好的，但学校的管理要面对全体，所以方式也是要多层面，监控是一种手段，但不能全部依靠监控，但目前监控也有好处。

我：学校不是工厂，教师作为专业人士，应该给予他们足够的信任和尊重。如果非得装，我认为仅限于发生安全、教学纠纷，才翻查录像……

艰难起步——搭建家校联络平台

开学第一天，"要开家长会"这个想法无时无刻不出现在我的脑海里。我非常迫切地要和学生家长来个互相了解，我需要了解他们，了解他们给予孩子的家庭教育是怎样的。同时，我也需要他们了解我，了解我的教育观，了解我的一些教学手段和风格。这样的彼此了解可以避免很多没有必要发生的误会，可以得到很多的资源支持。

然而，开学第一天就自己独立开一个家长会不大可行。那么，怎样才能够和家长取得及时联系呢？怎样才能够高效率地把班级的动态反馈给全班家长呢？我理所当然地想到了建家长微信群。但是，这里是农村，超过一半的学生的父母都是在外地工作的，微信群里进的是父母还是祖父母呢？在农村学校班级建微信群，能成吗？

我的新同事都劝我别费心力了，农村的家长不像城里的家长，建不起来的，建起来也别指望家长能够起到什么作用，靠自己好了……

但是，我还是想试试。我还是想争取。

因为，这是个家校沟通的好平台。

"×××家长，您好，我是语文老师黄老师。为了促进家校沟通，为了给孩子更好的教育，请您记下我的电话号码，我的微信号是×××，也请您加我微信。家校合力，孩子得益。感恩有您！"我一共复制了72条手机信息，对着学生家庭联系表上的电话号码，一个个发出去。

也许有老师会笑话我办法老土：为何不建一个群，复制一个二维码，印出来，让孩子带回家给家长扫呢？为何不等到开家长会的时候再建呢？等等。

我实在等不及了，我迫切地需要和我的新家长有沟通说话的平台，需要有发布班级咨询的渠道，需要表扬孩子的渠道，需要表达我的要求的渠道。

我也实在不能寄望于孩子们回家里给爷爷奶奶辈看二维码时，老人家会有什么动作配合。

我只相信，孩子是需要受父母教育的，父母是需要第一时间知道孩子的情况的。所以我发出的信息都是直接发给孩子父母的。他们哪怕是在遥远的异乡，也可以通过互联网，与我，与班级，与孩子天涯若比邻。

奋斗了两天，战绩比较辉煌，全班只有两名学生的家长没有反应——石沉大海。发信息询问没有回复，打电话过去也没有人接。唯有等到家长会再联系了。

两个"发现"

上周外出培训，除了日常的作业练习，我布置了综合性活动"浓浓的乡情"，简单指导了如何策划活动，由全班学生选出了活动的总策划人两名，说了下周老师回来就演出。

一开始，对这场演出，我几乎没抱有任何的期望，因为孩子们的经历太少，见识太少，也不清楚两位总导演能力如何。

后来，杏玉问我："老师，我们可以去拿音响吗？"那时候，我就隐约感到可能有好戏。"你们联系好了？"我惊疑地问。"联系好了。"好自信的回答。

果然，他们请来了家长义工放音乐。他们写好了节目单，写好了串台词。每一个节目怎么出场怎么衔接都安排好了，很稚嫩，很粗糙，很原生态，但是特别真实，这让我特别高兴，特别感动！我们未来不一定成为艺术家，但是，用艺术的形式美化我们的生活，美化我们的学习，为孩子们搭建平台，使孩子们学以致用，不是我们最应该做的事情吗？

我给每位上台表演的小演员奖励五个印花，台下的文明观众每人一个印花。孩子们很高兴！

我发现，农村孩子的组织能力和行动力都非常给力。

课后，我这个摄影师把活动照片发到家长微信群。竟没有一点波澜。心里想，可能白天工作忙吧。晚上，群里有信息提醒了，一看，都是问小记者怎么没有自己孩子份的，投诉班长徇私的……没有喝彩，没有感谢，没有鼓励……

我发现，农村的家长需要什么了。我开始知道，家长会，我该讲什么了。家长朋友们，孩子和老师都需要你的喝彩声。家长，请您做一个在路边为孩子鼓掌喝彩的人！

别样的校园生活

早上7：10到学校，班里，班主任已经在辅导学生了。

7：40是早读时间，可是孩子们已经习惯了一回校就读书，这时的校园景象就像曹文轩笔下的油麻地小学：里面，也有纸月，也有白鹤们……最美莫过如此。

8：00铃响，孩子们很快排好队，快静齐。

下午1：15，学校开门，学生陆续回校。

主值教师1：15巡视校园。今天是我主值。

巡视校园的时候，我看见校长也已经在巡查校园了。1：30的校园，每个孩子都在学习，教师在教育学生。

看见两个萌娃在教室门口站着不动，走过去问为什么站着。小宝指着前面不远处的巡查校长的身影说："我乱吵乱叫，校长让出来站着等老师来。"

噢，校长已经不在眼前了，还站得一本正经。心窝被小孩子的憨厚淳朴融化了。我轻轻地教育几句，孩子的老师就来了，慈母一样拉过去进行爱的教育了。

充分地信任学校，充分地尊重教师，这里不生产"李刚"，这里是农民，农民天生对教书先生的信任，使孩子们也非常纯朴守纪。

当然，学校的严格管理是主要因素。

下午第一节的时候，校长领了个孩子进办公室，开始以为是书法特长生准备竞赛之类的特训。可校长微笑不语，只是很有耐心地和孩子谈着写字，看到孩子带的是一套水彩笔……校长这是在关爱特殊学生。

下午第二节课是全校书法课。走了一圈，惊讶于老师个个都能指导学生写，也惊讶于校园各处环境卫生完全不被墨汁影响，孩子们好规矩！

已经下午5：55，办公室里还有老师在工作，包括明年就退休的二年级包班上语文、数学的娟姐，包括榜样教师燕红姐，包括有孕在身并兼两个年级语文和辅导员工作的彩莲，包括万能的雪影主任，包括兼语文和英语两学科的贞，还有翻看监控，检查校园安全的暂时失声的高效率玲主任，还有忙碌后在球场打打篮球的发主任，当然，还有以校为家心系学生的让人敬重的邓校长……

这是一个多么单纯，多么积极，多么纯粹的乡村小学校。

新授课教学模式艰难开启

国庆假期看了七天书，尤其是《课堂风暴》，看得热血沸腾，恨不得马上就在班里实施起来。于是结合自己的班级实际，做了以下的简单备课：

《假如没有灰尘》教案

情境导入：佛家有诗《偈神季》：身是菩提树，心如明镜台。时时勤拂拭，勿使惹尘埃。灰尘确实是很令人讨厌的东西，比如（学生发散讲灰尘的害处），然而，同学们可曾想过，人类的生息离不开灰尘。

小老师站讲坛。为了共同打开这个谜团，就先让我们的小老师上台为我们做简单的讲解吧。（四人小组分工，以思维图为基础，再加上"生字小老师"和"正音师"，刚好每人两个任务，由组长根据各人的特长安排任务。）

小侦探：专门讲解思维图中的第一项——作者简介。

故事大王：用最精练生动的语言概述课文大意。

建筑师：用最清晰、明确、富有逻辑的话语介绍课文的框架结构。

小作家：从写作技巧的角度介绍本文最大的特色。

播音员：以最高的效率讲解本课中最有难度的近义词、反义词、多义词。

大作家：用优美的语言和同学分享自己找到的好词佳句。

大老师提问题。围绕课文重点要解决的三个问题：①假如没有灰尘，人类生活将会怎样？②灰尘有什么特点和作用？③课文使用了哪些说明方法？

要求以学习小组的形式展开讨论学习，只有能力最弱的学生都能举手，才会获得被提问的资格，提问有积分奖励。

练习检测。

拓展提升：故事《塞翁失马》以及笑话《两个女儿》。

但在今天的课堂教学中，我声嘶力竭，疲惫不堪，教学生教，开始真难。对应"小老师站讲坛"，出现了以下6个问题：

小侦探：学生没有能够找到更多的关于作者的资料。因为语文书和参考书上都只是一个名字三个字。由此反思，如果没有更多的关于这个作者的资料，是否可以引导学生找关于这个作者的其他作品？

故事大王：学生概括大意时只是照着思维图来读。如何让学生用好听的语言"说"出自己的劳动成果？我觉得可以开一节专门的辅导课——关于如何说话。

建筑师：对富有逻辑地描述课文框架这个任务来说，对于五年级的学生，似乎难了一点，他们还没有一个比较大的全局观念，没有先整体再局部的表述方式。这，也要培训。

小作家：学生上台也只是照着思维图读，而且读得很不好听，台下的学生完全是出于一种"守规矩"而端坐聆听的状态……学生如何才能讲出生动的例子？

播音员：这个环节没有互动。

大作家：这个环节难道是让学生读摘抄得密密麻麻的文字给台下的同学听？

针对课堂上出现的种种问题，我认为要专门开一节课——训练学生读书、讲话，甚至要长期抓。

另外，有三个学生在预习的时候根本没有读过课文！所以一切的交流探讨对于这几个学生来说，毫无意义。所以，如何落实预习，是非常非常重要的。

勤学巧练　互助并进——走进新模式教学课堂

开篇：小小主持人拉开帷幕——单元导语朗诵。

（1）教师情境导入。

（2）小老师站讲台。

有请小小侦探出场。（介绍作品、作者背景）

生：老师、同学们好，我来为大家介绍《学会看病》的作者。本文作者是毕淑敏，1952年10月出生于新疆伊宁，中共党员，国家一级作家、内科主治医师、北京作家协会副主席、北京师范大学文学硕士，心理学博士方向课程结业，注册心理咨询师。著有《毕淑敏文集》十二卷，长篇小说《红处方》《血玲珑》《拯救乳房》《女心理师》《鲜花手术》等畅销书。

原来毕淑敏是一位这么厉害的大作家呀，我一定抓紧时间阅读她的一两本著作。那么在《学会看病》里，毕淑敏给我们讲述了一个怎样的故事呢？有请故事大王。

生：大家好，《学会看病》这个故事是讲……

这个故事是怎么构建的呢？我们请小建筑师为我们讲解。（讲文章框架）

生：大家好，《学会看病》这篇课文总共有（　）个自然段，我把它分成（　）个意义段，第一段是讲（　）……

　　原来如此，这篇文章有什么写作的技巧值得我们好好学习呢？（讲写作技法）

　　生：这篇课文最值得我们学习的是它运用了……

　　这篇课文里藏着不少近义词、反义词、多音字呢，有请播音员和我们分享一下。（词语积累）

　　生：好吧，考考大家吧……

　　接下来有请大作家和我们先行一步，分享一些好词佳句吧。（词句积累）

　　生：这是我搜集到的好词佳句，其中，请让我朗读这一句给大家听吧……

　　有请生字小老师出场。

　　生：这篇是课文有（　）个生字，请跟我一边读一边记住它的音形义哟。（全体读完后）这里有三个最难记住的字，你会记吗？（教怎么记）

　　有请正音师出场。（负责纠正同学不正确的读音）

　　生：现在请老师选同学朗读课文吧，请开始。（学生读，正音师随时喊停正音）

　　在我的指导下，学生逐渐找到了自己扮演角色的感觉，新课堂变得有趣起来。我在讲台下，看着讲台上一个个讲课讲得眉飞色舞的小老师，甚是欣慰……

"三·全语文"结果实

　　2017年7月，我结束了为期一年的下乡挂职交流工作。回首一年的工作，我在横江小学挂职副校长一职，配合校长分管学校各项工作，创造性地开始各种德育和教学活动，组织跨校文化交流，促进优质教育资源流动，提升学校美誉度，顺利完成了挂职交流工作。在挂职期间任教五年级语文，在全镇检测中获得最佳成绩。金杯银杯，不如群众的口碑。挂职学校领导和镇中心校领导多次说："我们最欢迎像你这样的老师来交流，年年来，多一些这样的好老师来，我们乡镇的教育就很快好起来了。"家长和学生也一直惦记。我因材施教，以"三·全语文"教学主张，培养的学生习得各种能力。我的小组合作学习教学模式被当地老师和学生誉为最能体现"两先两后"教学理念（该镇推行这个教学改革多年）的教学模式。孩子们学会了自主学习，学会了互助分享，学会了做人做事。一年时间，孩子们以一次比一次优秀的成绩印证我的教学理念和教学主张以及教学模式的科学与成功。

这一年的经历，更加坚定了我的信心，为我后来成为广东省名教师工作室主持人，引领更多的骨干教师在小学语文这一块土壤上辛勤耕作提供了信心、动力与实践支撑。

我尊重学习者的兴趣和个性，语文教学的范畴从语文课堂推广到与学生生活有关的各个方面。我的语文教学尽量使学生在真正的沟通环境中学习，我指导学生掌握这些技能有何用，在现实生活中如何用，帮助学生把知识生活化。

我的语文教学不局限于语文课上的训练，我的语文教学渗透于学校生活的方方面面。

我的语文教学建立了大课程观，生活中一切可用资源，都可以通过教师之手，将之学科化。

概地讲，我的语文教学把语文学习落实于学生的整个生活。我的一切教学活动，都围绕学生进行；一切的教学活动，都以学生的成长为出发点和归宿。

成人眼中的黄老师

一

2012年开始，我出任广东省新一轮"百千万人才培养工程"小学名教师培训项目组专家，黄佩华是我的一名学生。经过四年的培养，我看着她一步步以谦虚、勤奋、认真、严谨的求学态度完善自己，超越自我，取得了骄人的成绩——理论研究水平不断得到提高，培训期间历时近三年完成的广东省教育科学"十二五"规划课题研究成果，获得广东省教育创新成果三等奖；结业时，她以优秀的综合考核成绩成为培养工程优秀学员。黄老师的课堂非常重视以生为本，所有的教学行为都源自对课程和对学生的熟知。她的课堂具有鲜明的综合性、实践性、语文性，教学风格亲切自然，大气有爱，轻松活泼，在教学设计中切实落实语用训练，是语文学科工具性与人文性和谐融合的体现。在她的身上，"天道酬勤"得到最好的注释。

（导师：广东省外语艺术职业学院公共管理学院院长、教授　张燕）

二

佩华在教育科研方面真抓实干，近年主持高规格省级课题，均取得广东省中小学教育创新成果奖，并多次应邀在全市介绍教科研经验和取得的成果。她的教学风格更是在其教学科研的过程中日臻成熟，每一个立项课题研究，她都以自己的课堂为实验室，以每一节课为实验课，不断打磨，日渐成熟、成型、成风格。她的教学与生活息息相关，有生动的语言，随时能够把课堂与生活融为一体的教学风格，其课堂既庄重又活泼，既灵动又扎实。她是一位有朝气、有活力，且做事认真，有魄力，肯钻研，效率高的年轻人。

（江门市教育研究院副院长　陈育庭）

三

黄老师教书非常认真，而且特别有想法。针对小学生写作文下笔难的问题，她先是让学生写见闻录，用日记的方式把一天的见闻记录下来。后来又开设了"一字悟"练习，要求学生每天提炼一字写感悟，字数不限，但是写的必须是自己的所思所感。再后来，为了破解写应用文的难题，她组织本班学生与乡下的一所小学同龄人交友，让学生与结对的同学通信来往。为了让大家写作文有真情实感，她倡导亲身体验，更时时注重在生活中寻找写作灵感与题材。

我记忆深刻的是，新学期孩子他们班分了新的公区打扫任务，黄老师去看他们公区值日，看到很多同学扫地没有方法，效率低下，她就拿着扫把给学生示范如何把地扫好，并即兴组织了扫地比赛。回到班里，黄老师又让受过"培训"的那批值日生对其他同学进行"全员培训"，还布置了题为"扫地"的作文。记得孩子回来滔滔不绝地说这个事情，以至于我这个家长也恍如置身其中了。

这班孩子毕业时，她组织全体学生和热心家长参与编辑了《住在彩虹桥上的童年》作文集，给学生和家长留作纪念。我翻阅之后发现，有三四十篇作文竟是在报纸和杂志上公开发表过的，一个区区五十人的小学教学班，能取得这样的成果实属不易。

（学生刘鸿霖家长　刘利元）

四

上学期你带班，教导他们，真的让这个班大部分孩子找到了窍门，感觉这学期一开学，好多学生的语文成绩都提高了不少。赵逸轩说，这学期开学到现在，他作文都不错，好多次都被老师拿来堂上读了（虽然其实我觉得语句还不是很通顺，错别字也多），但起码立意和结构是不错了，真的谢谢黄老师，幸好有您。

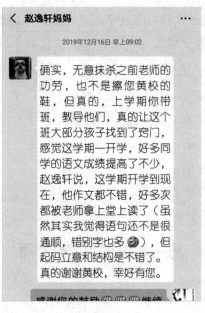

2019年12月16日 早上09:02

确实，无意抹杀之前老师的功劳，也不是擦您黄校的鞋，但真的，上学期你带班，教导他们，真的让这个班大部分孩子找到了窍门，感觉这学期一开学，好多同学的语文成绩提高了不少，赵逸轩说，这学期开学到现在，他作文都不错，好多次都被老师拿上堂上读了（虽然其实我觉得语句还不是很通顺，错别字也多😂），但起码立意和结构是不错了。真的谢谢黄校，幸好有您。

家长的话截图

（学生赵逸轩家长　甄文敏）

五

孩子们眼中的黄老师，其实是江门市范罗冈小学的副校长黄佩华，她是广东省特级教师、小学语文高级教师，也是江门市首批教育专家培养对象，是蓬江区教育局教研室兼职教研员。

她身兼多职，还负责我们三（1）班孩子们的阅读课教学任务。她充分利用孩子们早上到校等候回班以及放学等候家长来接的时间，悉心指导孩子们阅读各种课外书，让孩子们拓展各学科知识的宽度、广度，从不起眼的碎片时间中培养孩子们珍惜光阴的好习惯，使孩子们从潜移默化的阅读中，慢慢提高阅读的质量，促进了语文的学习，也促进了优秀传统文化的传承。

可能有人会问，一个副校长去具体教一个年级的阅读课，杀鸡用牛刀，小题大做了吧？其实这正体现了黄副校长事必躬亲的认真态度。一个水滴可以折射出一片阳光，能认真做好细节，做整体工作时更有掌控全局的底蕴。

黄副校长教学生动有趣，寓教于乐，深得孩子们的好评，三（1）班的孩子们真是遇到了一个好老师。

2017年9月，我的孙女林月滢有幸走进这间创办超过70年的名校，在黄副校长管理下入读一年级。我儿子曾经也是入读这间小学的，我为成为这所学校两代校友的家长深感骄傲。我很认同这所学校的教学理念，这所学校的校风、学风令人敬佩。老师们辛勤付出，教出了一代又一代的优秀学子，为国家培养高级人才打下了坚实的基础。

少年智则国智，少年富则国富，少年强则国强。愿范罗冈小学在精英领导的带领下，百尺竿头更进一步，不断勇创佳绩。

［范罗冈小学三（1）班林月滢家长　许子坚］

孩子们眼中的黄老师

一

新来的语文老师

这个学期，我们换了新的语文老师！她姓黄，40岁左右，中等个子，圆圆的脸，一对弯弯的眉毛下面，有一双炯炯有神的眼睛。

听说黄老师是从城里来我们学校交流的，她还是副校长。对于这位新老师，我们都非常期待又非常紧张，既渴望她给我们带来很多新的知识，也害怕这么一个校长来上课，会不会很严格，不近人情？不知不觉一个学期过去了，黄老师给我们全班都留下了很好的印象。

"CEO"

黄老师真是个卓越的"CEO"呀！你看，才给我们上第二天课，她也不急着讲课，上课就是给我们讲规矩，有作业本的规格，有作业的格式，有上课的要求，还有各种各样的奖励方案，听得台下的我们心里痒痒的。黄老师还让我们竞争工作岗位呢。为了保持讲台的清洁美观，她让我们竞岗"讲台美容师"；为了加快发作业本的速度，她让我们竞岗"快递员"，还说做得好的升职当"快递公司"的经理；还有"先锋官""口令员""财务总监"等，光听名字就让我们跃跃欲试了。

超级领队

听妈妈说，黄老师才来第一个星期，就建了我们班的家长微信群。妈妈说，开学的第一个周末，接到老师用自己手机发来的邀请加微信的信息，没有放心上。结果周日老师就打电话来亲自邀请了。一个星期过去了，全班同学的家长都加入群了。妈妈说："我们农村的家长不比城里的家长，你们老师够用心的。"老师每天都在群里发我们学习情况，有活动照片，有作业展示。在老师的带领下，妈妈还报名做了我们班的家长义工呢！

魔法师

黄老师工作非常非常忙碌，11月份，她外出学习9天，出发前，她专门培养了我们9个小组长，给我们安排"教学任务"，教我们怎么当"小老师"。这9天时间里，我们在黄老师的精心策划下，出色地完成了"小老师站讲台"的任务。看班的老师都对我们佩服得五体投地呢。这个学期，黄老师给我们上公开课《毛主席在花山》，老师几乎把整个课堂都交给我们来发挥了，她只是当"导演"，抛出问题，在她的"如来神掌"上，我们可以尽情"翻跟斗"练功夫。听课的老师惊讶得都顾不得写笔记了。大家都说，黄老师是魔法师，把农村的孩子教育得这么会学习。

新来的黄老师就像一本神奇的书，她普通话发音字正腔圆，语调抑扬顿挫，听她说话和朗读课文，真是一种享受，令人心旷神怡。她对待学生态度亲切、和蔼，就像我们的妈妈。我喜欢这个新来的语文老师，喜欢这一本神奇的"书"。

[薄弱学校挂职交流期棠下镇横江小学五（1）班 黄浩山]

二

我很喜欢上黄老师的课。

黄老师上我们班的阅读课，她经常拿着各种经典名著来给我们上课，这个学期多是读童话故事书。她和蔼可亲，上课时表情非常丰富。她朗读时十分有感情，声音很有吸引力。她绘声绘色讲的故事总让我陶醉。她每读到一些有疑问的地方都会停下来，让我们慢慢思考，又会提问大家，考考大家，还会让同学们讨论，互动分享。

有时遇到故事中有趣的情节，黄老师还会让同学们扮演里面的角色，进行角色对话。扮演角色的同学也会很投入，旁观的同学也置身于场景中去，这种寓教于乐的方法，使我们很容易理解故事的内容。

黄老师那亲切的笑容让我感到温暖，我们在无拘无束中学会了本领。我也养成了爱阅读的好习惯。

[范罗冈小学三（1）班　林月滢]

三

我的学校有一位和蔼可亲、美丽大方的校长，她是黄校长。她是我们班阅读课的老师，她有亲切的笑容，温柔的声音。

黄老师上阅读课的时候可认真了。她教我们识字、积累好词好句，教我们改编、创作，还和我们一起玩游戏。我很喜欢上黄校长的阅读课。

黄老师的字写得可漂亮了。特别是写在黑板上的字，不管多忙多累，她总是一笔一画地写得工工整整的，让我们看得一清二楚。

黄老师像妈妈一样关心我们，耐心地教育我们。我要感谢黄老师，教会我许多知识，"黄老师，您辛苦了！"

[范罗冈小学三（1）班　区嘉颖]